「人生を最高に旅せよ」

　知らない土地で漫然と行程を消化することだけが旅行と考える人がいる。買い物だけをして帰ってくることが旅行だと思っている人もいる。

　旅行先のエキゾチックさを眺めるのをおもしろがる旅行者もいる。旅行先での出会いや体験を楽しみにする旅行者もいる。一方、旅行先での観察や体験をそのままにせず、これからの自分の仕事や生活の中に生かして豊かになっていく人もいる。

　人生という旅路においてもそれは同じだ。そのつどそのつどの体験や見聞をそのとき限りの記念品にしてしまえば、実人生は決まりきった事柄のくり返しになってしまう。

　そうではなく、何事も明日からの毎日に活用し、自分を常に切り開いていく姿勢を持つことが、人生を最高に旅することになるのだ。

『超訳　ニーチェの言葉』より

ヴィジョンを見る。何千、いや、何万という数の若きアメリカ人たちが、リュックサックと共に放浪している姿をだ。山の頂に登っては祈りをあげ、子どもたちを笑わせ、年寄りたちを喜ばせ、若き女の子たちを幸せにし、若くないおばさんたちをより幸せにさせていく。みなことごとくがゼン（禅）にのめりこんでいるものたちで、理由もなくいきなりたちあらわれる詩をせっせと書きとめ、そしてまた親切から、それも予想もしない奇妙な行為で、万民とすべての生きとし生けるものたちのために永遠の自由というヴィジョンを与え続けるのさ…」

——ジャック・ケルアックの小説『達磨の放浪者［ダルマ・バムス］』の中でジャフィー・ライダーが口にする言葉（北山耕平訳）

「…世界がリュックサックの放浪者で、ダルマ・バムスで、あふれていると考えてほしい。生産されたものを消費するというよくある要求にこたえることを拒絶し、それがために、冷蔵庫やテレビ機器や自動車、少なくともこぎれいな新車や、ある種のヘアオイルやデオドラント、たいてい一週間後にはゴミの仲間入りをしているよくあるくだらないもの、労働・生産・消費・労働・生産・消費と続くシステムにとりこまれている一切すべてのものを拒絶するという特権のために働かなくてはならないものたちであふれている世界を…」

「…僕は、偉大なリュックサック革命という

自分の仕事をつくる旅

グローバル時代を生き抜く
「テーマのある旅」のススメ

「世界遺産が素晴らしくて、感動しました」
「現地の人と交流できて、人間はみんなわかり合えると思いました」
「半年の語学留学で、日常会話程度ならできるようになったと思います」

　これまで旅は、余暇を楽しむためのもの、観光するためのものが大半だった。交通手段やインターネットの発達によって、より容易に海外旅行に行けるようになり、比較的時間に余裕のある大学時代に旅行をする人も多い。会社を辞めて世界一周旅行に出る若者も少なくない。

　しかし、冒頭のような感想しか語れないとなると、これらの旅は、ある意味、履歴書やキャリアにぽっかりと穴があくような期間であったとも言える。

　いま、旅に新しい潮流が起こりつつある。「キャリアにつながる旅」「履歴書に書ける旅」が多くの注目を集めているのだ。

　どんな旅が、次のキャリアにつながる旅なのだろう？

　それは、「テーマのある旅」だ。旅の目的を観光とか交流とか、漠然としたものではなく、自分が興味のあること、やりたいこと、他人が見ておもしろいと思うものにテーマを設定し、その成果によってキャリアの壁を一点突破する旅だ。そしてテーマを持って旅をすることにより、旅の奥行きがより増すのだ。

　観光がメインの旅も、語学留学も、その人個人にとっては特別な経験であり、唯一無二のものだ。それがつまらないと言うつもりはない。でも、他人から見たときにその旅はどう見えるか。あなただけの特別な旅が「ありふれた観光旅行」「よくある放浪」に見えてしまわないだろうか。

「履歴書に書ける旅」「テーマのある旅」とは、自分の特別な経験を他人にどうわかりやすく見せるか、というアウトプットの方法論でもある。「なぜ」その旅をして、「何を」得たのか。それを自分のキャリアにつながる経験として堂々と語れるようになる。就職面接にも活かすことができる。そして何より、自分の旅をプロジェクトとしてマネジメントした成功体験は、これからの目まぐるしく動く時代の大きな武器となる。

　本書で紹介する旅人たちも、「世界で働く日本人女性を訪ねる旅」「世界のヒッピーコミュニティをめぐる旅」「オーガニック農場を訪ねる旅」などそれぞれ特異なテーマで旅をしてきた人だ。彼らは、「旅×テーマ」というひとつのプロジェクトを企画し、準備し、実行し、そして発信してきた。またそれらを武器にすることによって、再就職や起業などの、自分の仕事をつくってきた。これまで、仕事と旅はオンとオフに分かれていた。仕事をしてから、オフとして旅に出る。しかし、やり方次第では、旅で仕事をつくることができるのだ。

　僕自身も、アメリカの大学に留学中に思いついた、「ノマド起業家インタビュー」をテーマに1年間世界中を旅した。インタビューは、ウェブサイトなどで発信した。この旅によって、多くのリアルな出会いがあり、さらに多くのネット上での出会いがあった。これらの経験や人脈は、グローバル時代の世界で闘う上で、僕のこれからのキャリアの武器になると確信している。

　本書では、ありふれた旅を脱却し、あなたの経験を特別なものにする「新しい旅のあり方」を提案する。新しいカタチで旅をする旅人の紹介や、21世紀の旅をより楽しむためのデジタル機器、SNSをフル活用する方法にも多くのページを割いている。

　世界が目まぐるしく変化する今、1人でも多くの仲間が、本書を読んで、世界に目的を持って飛び出すことを心より望む。

　今こそ、日本が世界に出るときだ。

変わる旅のカタチ

まずは、いまの僕たちの旅のカタチをデータから見てみよう。
どのような理由で旅に出るのか、
どのくらいの人がパスポートを保有しているのか、
どのくらいの日本人が海外旅行をしているのか、旅に何を求めているのか。
それらの傾向は、変わってきているのだろうか。
ぜひ数字から今の旅のカタチとその変化を読み取ってほしい。

海外旅行に行きたいと思う理由

Q. あなたが、現在、海外旅行に行きたいと思う理由であてはまるものをお知らせください。

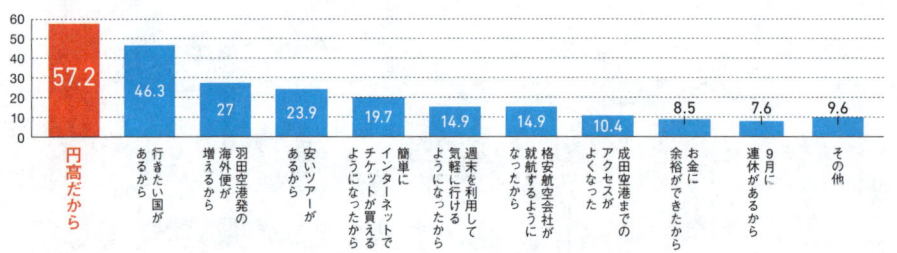

項目	%
円高だから	57.2
行きたい国があるから	46.3
羽田空港発の海外便が増えるから	27
安いツアーがあるから	23.9
簡単にインターネットでチケットが買えるようになったから	19.7
週末を利用して気軽に行けるようになったから	14.9
格安航空会社が就航するようになったから	14.9
成田空港までのアクセスがよくなった	10.4
お金に余裕ができたから	8.5
9月に連休があるから	7.6
その他	9.6

2010年8月の調査における、海外旅行に行きたい理由1位は「円高だから」。質問対象は、「現在、海外旅行に行きたいと思っている人」。
回答数＝1000人（マクロミル調べ）

日本人のパスポート保有率

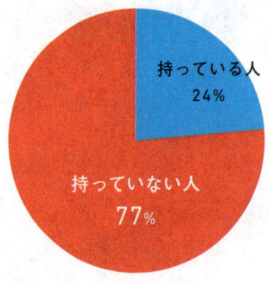

持っている人 24%
持っていない人 77%

上記の数字は、2010年末時点。パスポート保有率は、2006年末26.3％、2007年末25.5％、2008年末25.0％、2009年末24.2％、2010年末が23.5％と、減少傾向。（外務省調べ）

日本人海外旅行者数推移

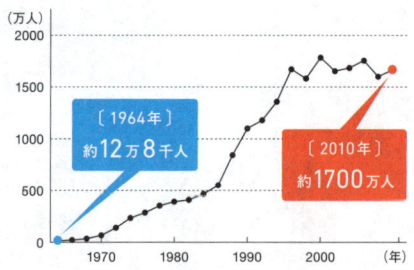

〔1964年〕約12万8千人
〔2010年〕約1700万人

1980年代後半からの円高の影響もあって急速に増加し、2000年に1780万人に達した。21世紀に入ってからは1600万人前後のレベルで上下している。2010年は、約1700万人だった。（外務省調べ）

海外旅行者の年齢階層比率

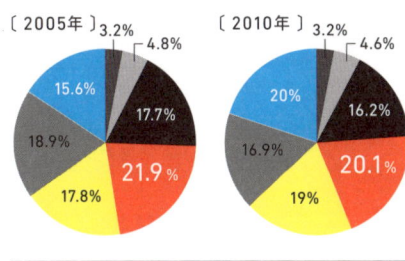

〔2005年〕 3.2% / 4.8% / 17.7% / 21.9% / 17.8% / 18.9% / 15.6%

〔2010年〕 3.2% / 4.6% / 16.2% / 20.1% / 19% / 16.9% / 20%

凡例: 0-9歳 / 10-19歳 / 20-29歳 / 30-39歳 / 40-49歳 / 50-59歳 / 60歳以上

2010年の構成比を2005年と比較すると、20代、30代が減少する一方、60歳以上の増加が目立つ。(法務省調べ)

20代の海外旅行経験

Q. 海外旅行に行ったことがありますか。また、何回行ったことがありますか。

凡例: 1回 / 2-4回 / 5-9回 / 10回以上 / 海外旅行に行ったことがない

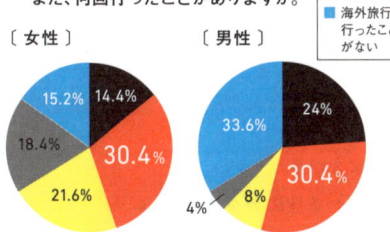

〔女性〕 14.4% / 30.4% / 21.6% / 18.4% / 15.2%

〔男性〕 24% / 30.4% / 8% / 4% / 33.6%

20代での海外旅行経験は、男女で大きな差がある。海外旅行経験のない男性は34%で、女性の約2倍だった。※今回の調査における「海外旅行」にはビジネス目的は含みません。(マクロミル調べ)

希望する海外旅行のタイプ

Q. 海外旅行に行く場合、どのような旅行を希望しますか。

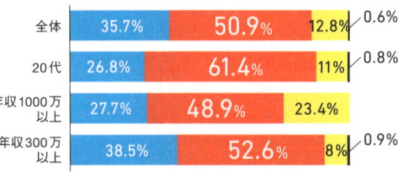

	パッケージプラン	フリープラン	自由旅行	その他
全体	35.7%	50.9%	12.8%	0.6%
20代	26.8%	61.4%	11%	0.8%
年収1000万以上	27.7%	48.9%	23.4%	-
年収300万以下	38.5%	52.6%	8%	0.9%

パッケージプラン(団体行動で観光や食事などを行う)、フリープラン(交通と宿泊のみ)、自由旅行(旅行代理店を通さずに個人で計画)。(マクロミル調べ)

海外旅行でしたいこと

Q. あなたが、海外旅行でしたいことはなんですか。(複数回答)

★ 第1位 観光名所・景勝地をめぐる 84.7%
★ 第2位 食事・グルメを楽しむ 77.6%
★ 第3位 世界遺産を見る 72.2%
★ 第4位 ショッピング 53.6%
★ 第5位 美術館・博物館へ行く 49%

海外旅行でしたいことは、「観光名所・景勝地をめぐる」85%、「食事・グルメを楽しむ」78%だった。【ベース】「海外旅行に興味がある人」(マクロミル調べ)

国内旅行は目的重視型へシフト、海外旅行は行き先重視型

Q. あなたの旅の計画に近いパターンは?

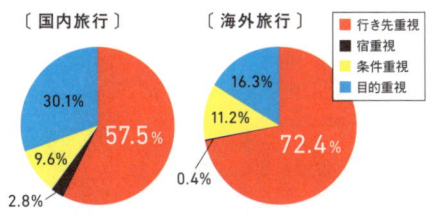

凡例: 行き先重視 / 宿重視 / 条件重視 / 目的重視

〔国内旅行〕 57.5% / 2.8% / 9.6% / 30.1%

〔海外旅行〕 72.4% / 0.4% / 11.2% / 16.3%

「目的重視」とは、温泉・ビーチ・避暑など、まずは目的を決めてから場所を絞っていくスタイル。海外は、行き先をまずは決める旅行が主流。回答数=989人(フォートラベル調べ)

SNSを旅の中で活用したシーンは?

Q. 旅のシーン(検討期〜旅行中〜帰宅後)では、どのようにSNSを利用しているか?(複数回答可)

- 旅のシーンでSNSを使ったことがない 1123票
- SNSで旅行先の情報を集めたことがある 323票
- SNSで旅行中の体験を紹介したことがある 304票
- 旅行体験の投稿を見て旅行を思い立ったことがある 169票
- 投稿記事を見て旅行先(方面)を決めたことがある 118票
- SNSで旅行プランを公開したことがある 84票
- 旅行中に知り合った人と旅行後にSNSで連絡を取り合ったことがある 83票
- SNSを使って旅行プランを打ち合わせたことがある 62票
- SNSを使って同行者を募ったことがある 32票
- その他のシーン 17票

情報を収集したり、自分の旅行を紹介したりしている人が多い。少数だが、旅で出会った人とSNSでつながったり、同行者を募ったりする人も。(ジェイ・ラボアンケート調べ)

もくじ

まえがき —— p.2
変わる旅のカタチ —— p.4

1章　「テーマのある旅」のススメ

テーマを持って旅をするということ —— p.10
旅にテーマを持つメリットを考えてみる —— p.12
旅×ノマド起業家インタビュー　既存のレジャー的な旅から脱却する —— p.16
隠れきれない世界 —— p.26
いまだからこそ、旅をアップデートする —— p.28
「旅プロ」になる —— p.30

2章　旅プロデューサー

01　旅×途上国ビジネス（本村拓人） —— p.34
02　旅×海外で働く日本人女性（濱田真里） —— p.40
03　旅×子ども×自転車（加藤功甫　田澤儀高） —— p.44
04　旅×Facebook（青木 優） —— p.50
05　旅×世界の大学めぐり（金田隼人） —— p.56
06　旅×世界のキッチン（中村 優） —— p.62
07　旅×SAMURAI（太田英基） —— p.66
08　旅×オーガニック（豊泉未知洋　豊泉千鶴） —— p.72
09　旅×サッカー（四方健太郎） —— p.78
10　旅×ヒッピーコミュニティ（久志尚太郎） —— p.84
11　旅×世界の中の日本（長谷川浩史　長谷川梨紗） —— p.90
その他の旅プロジェクト紹介 —— p.96

3章　旅プロジェクトの制作方法と旅への「武装」

テーマのある旅の制作方法 ── p.98

〔旅の準備〕

01　旅の終わりから始める ── p.102
02　旅のテーマを決める ── p.103
03　企画書の制作 ── p.104
04　人に対して発表する ── p.106
05　ウェブ制作 ネットメディアの準備をする ── p.107
06　マスメディア、ミドルメディア戦略 ── p.108
07　マネタイズする ── p.109
08　行き先を決める ── p.110
09　(苦手な人は)英語を勉強する ── p.111

〔旅に出る〕

01　航空券を買う／02　宿泊する／03　インターネットを確保する ── p.112
04　現地の情報を取得する ── p.113
05　人と会う ── p.114
06　自分の旅を発信する ── p.116

〔旅を終えたら〕

01　お世話になった人にお礼と報告をする／02　自分の経験をアウトプットする ── p.117

「旅の中でしたい100のリスト」をつくってみよう ── p.119

〔武器としての情報・インターネット・SNS〕

01　宿泊／出会い ── p.120
　　カウチサーフィン／Airbnb／ホテル／ユースホステル

02　出会い／体験ツアー ── p.126
　　Voyagin／Meetrip

03　移動 ── p.127
　　世界一周航空券 vs 1円から飛行機に乗れるLCC

04　旅の仲間集め (trippiece) ── p.130

05　発信 (ウェブサイト／ブログ) ── p.131

06　資金集め（クラウドファンディング）── p.133

〔「新しい旅」の持ち物リスト〕

01　必ず持っていく物 ── p.136
　　パスポート／現金／バックパック、キャリーケース／リュックサック／カード類　他

02　電子機器 ── p.140
　　シムフリーのスマートフォンとシムカード／ノートパソコン／変換プラグ
　　ポータブルHDD／デジタルカメラ　他

03　衣類 ── p.144
　　アウター／防寒用インナー／ネックウォーマー／速乾タオル　他

04　その他、備品など ── p.148
　　サングラス／名刺／常備薬／洗面道具　他

05　番外編 ── p.150
　　自国の歴史と文化／おすすめ本リスト／おすすめ映画リスト

もっと気軽に！海外ビジネス体験プログラムに参加する ── p.153

50万円節約できる!?　11組の「旅プロ」がお得に旅するためにした20のコト ── p.157

おわりに　　僕が旅で学んだこと

いまの時代を生き抜く5つの考え方 ── p.162
一点突破／モノサシ／引き出し／コンパス／自作自演

「スマイルカーブ」な人材になる ── p.163

世界視点のコミュニケーション ── p.164

今の時代に潮流なんてない ── p.165

僕が旅で気づいた大切なこと ── p.169
欲しいものの前に大切なものが来る／いまこそ、日本のライフスタイルを世界に

1章
「テーマのある旅」のススメ

テーマを持って
旅をするということ

「百聞は一見に如かず、
百見は一考に如かず、
百考は一行に如かず」

　2012年8月から、僕は1年をかけて世界中の起業家、アーティストなど、新しい未来に向かって時代をつくっている人（ノマド※）に会い、インタビューをしながら世界をまわった。東南アジアから、ブラジル、ヨーロッパ、アフリカ、中近東、インド、中国、東南アジアに戻る、少し複雑なルート。会いたい人、参加したいカンファレンスなどを線で結んだ結果のルートだ。

　今回の旅でまわった国は30カ国、会うことができた現地の起業家、アーティスト、活躍する日本人の数は500人を超え、参加したカンファレンスも30を超えた。そして病院にお世話になるレベルの食中毒も4回経験した。

　世界では予想もし得ない経験をした。また世界を知れば知る程、知らなかった自分を発見した。世界をまわって現地のライフスタイル、考え方をじっくり見て、日本にいたころの常識が世界の非常識であり、世界の常識が日本の非常識であることに気づいた。世界にはさまざまな働き方、ビジネスのスタイルがあった。

　旅を通して僕が学んだ一番大きなことは、「自分が所属する社会や国家の枠組みにとらわれることなく、自由に人生を演じることができる」ということだ。これは、どれだけ本を読んだり話を聞いても、実際に自分の目で耳で、カラダで体験しなければ実感できないことだと思った。

　だから僕は、この本を読んで、多くの人に旅をしてほしいと思う。旅は、さまざまな人、文化、常識、考え方を体感することができるのだ。

　しかし、単なる「旅のススメ」なら、何もいまさら僕が本を書く必要もない。僕が本書でお伝えしたいのは、「テーマを持って旅をすること」だ。「普通」に旅をするのではなく、あなただからこそできる、独自の視点とテーマを持って旅をしよう。

　その具体的なメリットについては次項で述べるが、テーマや問題意識を持って世界に出れば、普通は気づかないことも発見できる。物事をさまざまな視点や立場から見ることができる。旅に奥行きが出る。世界をより深く見ることができる。それは、僕個人が強く感じたことでもあるし、2章で紹介する他の旅人たちがみな一様に口をそろえることでもある。

※　僕の定義するNomad（ノマド）とは、ジャック・アタリの『21世紀の歴史』という本で取り上げられていた定義だ。企業や国家という枠組みを超えて、世界を舞台に個人で活躍するフリーランス/起業家とも言うべき人々のことだ。交通手段やインターネットの発達によって、これらの人々が活躍する場が整いつつある。急激に変わりゆく世界の中で、彼らは、自身の特異なスキルを活かし、チャンスを見極め、自分の好きなこと、やりたいことで世界を舞台にビジネスをしている。

旅にテーマを持つ
メリットを考えてみる

なぜ、旅にテーマを持つことをこんなにおすすめするのか、
そのメリットをこれからいくつか挙げる。
その前に、テーマのある旅がこれらのメリットをなぜ得ることができるかと言えば、
「○○をテーマに旅をしました」というわかりやすさ／インパクトが
あるからだと思う。そのことによって、多くの人から関心を持ってもらえたり、
特定の企業や団体から援助がもらえたりというメリットにつながってくる。
テーマの決め方については3章で詳しく述べるが、
「自分のやりたいこと」と同様に
「客観的に見てわかりやすくおもしろいか」という観点を持つことも大事だ。

メリット01

キャリアにつなげることができる

　本書のタイトルでもある「自分の仕事をつくる旅」、「キャリアにつながる旅」になるということは、最大のメリットとして挙げられるだろう。ただ漫然と観光旅行をするのではなく、自分の興味のあるテーマで旅をしたということは、他の人が持っていない知見を、そのテーマに関しては持っているということであり、大きな差別化ができる。
　たとえば、広告業界からホテル業界にキャリアチェンジしたい場合を考えてみよう。広告会社を辞めた後、すぐに就職するのではなく、世界中の一流ホテルをめぐりながら世界のホスピタリティを肌で体感する旅をする。帰国後、ホテルの面接で、ホスピタリティを語るあなたの言葉に説得力が増すことは間違いないだろう。
　また、たとえ職業やキャリアに直結しなくても、「○○の旅」とラベルを付けることによって、特別な体験として語ることができ、あなたを知ってもらうツールとなる。

メリット02

ひとつのプロジェクトマネジメントを経験できる

　3章では、具体的に旅の制作方法を紹介するが、本書は旅をひとつの「プロジェクト」ととらえている。目標を設定し、計画し、準備し、実行する。評価・改善して次につなげる。これらの一連の流れを自分の力でやってみる。

　その過程では、自分について考えること、多くの人々を巻き込むこと、資金を集めること、結果を評価することなど多くのことが必要だ。旅プロジェクトを終えたとき、この経験が大きな力になっているだろう。

　若いときにプロジェクトを自ら立ち上げて、マネージし、結果を出すまでの一連の流れを経験することは、「一身独立[※1]」することへの大きな成功体験となる。これから目まぐるしく変わる世界への大きな武器となるはずだ。

※1　福沢諭吉『学問のすゝめ』より、「自分が自立することによって、周囲や国家に貢献できる」という考え方。

メリット03

マネタイズができる

　旅行するためにひたすらアルバイトをする。企業で働きながら旅の資金をためる、というのが一般的な旅の形だ。でも、あなたの旅のテーマが特定の企業のブランディングや広報にマッチするものであれば、協賛という形で企業から資金やサンプルを提供してもらえる可能性がある。

　また、クラウドファンディング[※2]というウェブ上で複数の個人や団体から資金を集めるサービスも数多くある。志があり、人々の共感を得られるようなテーマの旅であれば、これらに参加してみるのもひとつの方法だ。

　いずれも、ただの放浪や観光旅行では得られない資金だ。これらを獲得する過程もよい経験になるので、ぜひチャレンジしてほしい。具体的な方法は3章で紹介した。

※2　クラウドファンディングとは、個人や団体があるプロジェクトを掲載しそれに対する資金を、ネットを通じて多数の支援者から収集し実現する手法。主なクラウドファンディングのサイト：「Ready for?」「Campfire」「元気玉プロジェクト」など。詳細は、p.109へ。

メリット04

会いたい人に会うことができる

　その人に会いたい理由を明確に、情熱を持って伝え、相手の共感を得ることができれば、通常は会ってもらえないような多忙な人や著名人でも、時間をつくってもらえる可能性が高まる。

　僕の場合も、「学生で、世界中の起業家のインタビューをしてまわっている」と伝えると、たいてい快諾してもらえた。サイト「NOMAD PROJECT」で、インタビュー記事を発信していたことも大きかった。

オーストリア・ウィーンのTheHUBにて、ゲーミフィケーションの起業家フィリップ氏と。気さくな人柄で、すぐにうちとけることができた。

メリット05

通常は行けない場所に行くことができる

　テーマや目的のためにどうしても行きたい場所があれば、普段は入れないような場所にも入れてもらえることがある（これも人に会う場合と同様、明確な理由と情熱を伝えることができればの話だが）。

　僕の場合も、普段は公開していない世界遺産の建物の中に入ることができたり、APEC（アジア太平洋経済協力会議）の裏舞台に入れてもらったり、さまざまなカンファレンスに無料で参加できたりした。

アメリカ・サンフランシスコのGoogle本社にて。おしゃれな食堂やビーチバレーができる施設が敷地内にあり、新しいオフィス環境を体感した。

メリット06

発信力がつく

　テーマのある旅（＝おもしろい旅とする）は人々の関心を集めやすいため、TwitterやFacebookなどで友人やフォロワーに発信するのはもちろん、不特定多数の人にも見てもらえるブログやサイトでもどんどん発信していこう。**情報を発信することによって、援助をしてくれる人や応援してくれる人を増やす**ことができる。

　また、「○○をテーマに旅をしている人」という認識が広まれば、自然に情報が集まるようになる。「私の友達があなたのいる街に住んでいるから紹介するよ」「この国は○○が美味しかったよ」という具合だ。ときには、企業やメディアから仕事の依頼が舞い込むこともある。企業のサイトやメールマガジンなどに記事を提供することによって旅の資金を賄っている旅人もいる。

エジプトの若手起業家たちとカルチャームーブメントの起こし方を議論しているところ。
エコビレッジ（持続可能なまちづくり）をどう発信していくかなど、さまざまな意見をぶつけ合う。

期間：2011年7月〜2012年8月

費用：トータル：約320万円

宿泊：友人・現地起業家の家に泊まることが5割、ホテル、ユースホステルの滞在が4割、Aribnb・カウチサーフィンが1割

移動手段：空路：ほぼLCC（ローコストキャリア）
陸路：東南アジアではタクシーや三輪タクシー、ヨーロッパなど移動費の高い所はバス

医療費：食中毒に4回かかったが、保険で病院はすべて無料

NOMAD PROJECT
http://nomadp.com

世界のノマドに会いながら、「個」が世界とつながる新しいライフスタイルを発信していた。

00
旅×ノマド起業家インタビュー

旅に出た理由
既存のレジャー的な旅から脱却する

「旅」というと、どんなイメージが思い浮かぶだろうか？ 若者の長期旅行や世界一周というと、バックパックをかついで世界中の景色を見て、写真を撮って、鉄道に乗り、また次の国に行くというある種の「放浪」がイメージとして強い。僕も大学に入ったばかりのときは、まさにこのスタイルで世界中を放浪した。

中学生の時に『80日間世界一周』という映画に出会い、80日間という短期間で世界一周ができるということに衝撃を受けた。世界が急に身近に感じられた。そこから世界一周旅行への憧れが生まれ、世界に出ることに興味が湧いた。中学・高校生のときはとにかく英語を勉強した。

だから、大学に入ってからは時間をつくってはバックパックをかついで旅をしていた。しかしあるとき、景色、風景に対する感動がなくなってしまった。どんなに美しい貴重な景色を見ても、心が動かない。この贅沢な悩みに直面した僕は、景色を見ることがメインの観光旅行、いわゆる「レジャー的な旅」をやめた。現地にいる人々と触れ合い、現地のライフスタイルを楽しみ、文化、世界の潮流、活躍している人、ビジネス、モノに触れていく方が楽しくなった。旅が濃くなった。

また、世界でビジネスをすることにも大きな興味があり、大学生の４年時に、アメリカのボストンにあるバブソン大学に留学をした。バブソン大学は、起業学が世界一の大学で、そこには世界中から名だたる起業家たちが集まり、未来を語り、またそれを実行に移していた。Twitterの創業者や、Zip Car※のベンチャーキャピタリスト、世界のトップ100に入る資産家など、毎週入れ替わり立ち替わり個性豊かな起業家たちが大学に訪れていた。

この環境に身を置けたのは、僕にとって大変な刺激になった。登壇する起業家たちは、そのビジネスによってイノベーションを起こしていた。

※ 世界中で展開しているカーシェアリングの会社。1999年米国の２人の女性によって創業された。

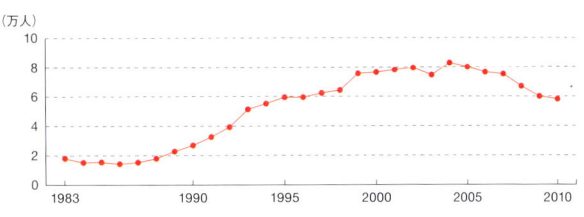

日本から海外への留学者数の推移

（出典）OECD「Education at a Glance」、ユネスコ統計局、IIE「Open Doors」、中国教育部、台湾教育部

国家や大企業ではなく「個人」が時代を変革しているということに衝撃を受け、世界中でこれからますます強くなるであろう「個」の大きな可能性に触れた。20世紀の秩序をつくってきた国家、また国家と同じく強大な力を持ってきた大企業が権力や富を独占する時代は終わり、力が「個人」に戻っていくように感じた。

　その一方で、留学中は「日本人である」という自分のアイデンティティを強烈に意識した。そして、僕の在籍したバブソン大学だけでなく、ハーバード大学、MIT（マサチューセッツ工科大学）でも他国に比べて圧倒的に少ない日本人学生の姿も目にした。いますでに起こっているグローバル化の中で、世界に出る日本の若者があまりに少ないという現状に、危機感を覚え、どうにかしなければと強く思った。

　世界で活躍する起業家に会いながら、「個の可能性を追い求めていきたい」。そして、日本の若者を、同じ若者である僕が刺激して、「世界に目を向けることへのきっかけをつくりたい」。その2つの想いを実現するため、僕は旅のテーマを、世界中を個人として動き回りながらビジネスを起こしていく「ノマド起業家」へのインタビューに決めた。

　起業家やアーティストなど、世界の最先端で活躍している個人に会いながら世界をまわることで、これからの時代をつくる人々とつながりたかった。世界のビジネスを自分の目で見て、体感することは将来の大きな武器になると考えた。そして、そのインタビューをサイトで発信することで、同世代に新しい生き方やロールモデルを提案し、日本の若者が世界に出るきっかけをつくろうと考えた。

　こうして僕の旅がスタートした。

左／エジプトの白砂漠をジープで走る。　右／バブソン大学留学時のボストンにて。

オランダ・アムステルダム駅のプラットフォームに降り立った朝。ここから近郊鉄道のほかドイツ、フランス、ベルギーなどへの国際列車が発着するターミナル駅だ。

東南アジア

世界で一番熱いマーケット

東南アジアは、いま世界で最も激しく動いているマーケットだと人は言う。そして同じアジア圏の日本人にとっては、なじみのある国々である。これから世界を見る上で欠かすことができない地域だ。東南アジア周遊のテーマは、現地の若手起業家と日本人の起業家に会って、ここでのビジネスの流れをつかむこと。

上／100万ドルの夜景と言われる香港の高層ビル群。深夜まで明かりは消えない。　下／マレーシア郊外の印刷工場にて。10人ほどの印刷工が休みなく働いている。

経路：シンガポール⇒インドネシア⇒マレーシア⇒タイ⇒カンボジア⇒ベトナム⇒ミャンマー⇒ラオス⇒フィリピン⇒香港⇒韓国

ロンドンのIslingtonのコワーキングスペース The HUB。さまざまな職業の人々がオフィスを共有している。和気あいあいとした雰囲気の中、雑談からビジネスが生まれることも。

ヨーロッパ

新しい働き方と新しいライフスタイル

コワーキングスペース「The HUB」※発祥の地ロンドンで新しい働き方を、デンマークで自然エネルギーを活用したライフスタイルを学ぶ。ヨーロッパで活躍している日本人の起業家たちの話から、これからの日本のビジネスの可能性を探った。

※　http://www.the-hub.net

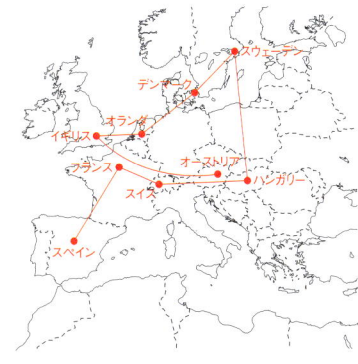

経路：オーストリア⇒イギリス⇒オランダ⇒デンマーク⇒スウェーデン⇒ハンガリー⇒スイス⇒フランス⇒スペイン

ブラジル

海を渡った日本人起業家たち

起業家などさまざまな日系人にインタビューし、20世紀初頭から夢を求めてブラジルに移住した日本人が築き上げてきた日本ブランドの素晴らしさに感銘を受ける。同時に、現在の中国、韓国の進出の勢いはすさまじく、脅威を感じた。

経路：リオデジャネイロ⇒サンパウロ

サンパウロの日本人街のカラオケスナック「つがる」。日本人女性が長年経営している。店内は、なつかしい昭和の日本の光景が広がる。

アラブ

アラブへの新ビジネスの可能性

イスラエルは世界最高水準の農業生産率を誇る。その最先端の農業ビジネスをしている起業家たちに話を聞いた。また世界No.1の一人あたりGDPを誇るカタールでは、アートに力を入れているので、日本のサブカルチャービジネスについても市場調査した。

イスラエルの大都市テルアビブに本拠地を構えるハイテク農業ビジネスのTAPPROJECTの農園。

経路：イスラエル⇒ヨルダン⇒カタール

アフリカ

ワイナリーホテルのビジネス

日常から離れて、静寂なる場所を体験できる機会は今後、大きなビジネスになるという仮定のもと、いくつかのワイナリーホテルを勉強のために訪問した。新しい形の滞在と体験エンターテインメントを知る。

エジプトの革命家

エジプトのカイロでは、エジプト革命（2011年）が起きた直後だったこともあり、その革命を先導した起業家たちに、いまのエジプトとこれからのエジプトを聞いてまわった。

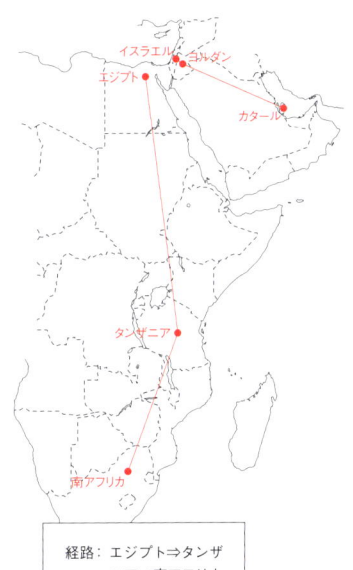

経路：エジプト⇒タンザニア⇒南アフリカ

南アフリカ、ケープタウン近郊のワイナリーが集まっていることで有名なステレンボッシュ（Stellenbosch）にて。

ヒンドゥー教徒が、生涯に一度は行きたいと願う聖地、インドのガンジス河。インド人にならって沐浴にチャレンジ。

経路：ニューデリー⇒ムンバイ⇒バンガロール⇒バラナシ⇒ダッカ

インド・バングラデシュ

ITビジネスの若き起業家たちと社会起業家

インドでは、バンガロールを中心にしたITビジネスの現場をめぐり、若手起業家たちとつながった。またバングラデシュでは、社会起業家たちと交流した。

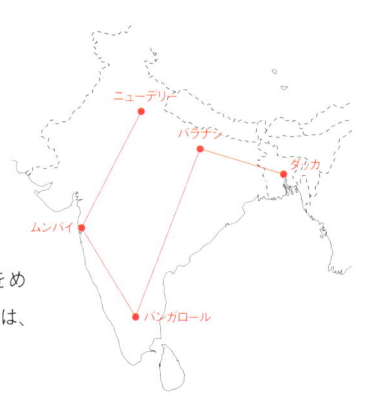

中国

アートビジネスと
活躍する日本人起業家

世界一日本人駐在員が多い上海で、現地で活躍する日本人に会いながら、過熱気味の中国のアート市場をまわった。北京では、世界で活躍しようとしている若手起業家が集まるAPECで登壇させてもらい、僕の旅と世界に出ていくということを、中国の若者たちと議論した。現地の若手起業家たちとつながることができた。

経路：上海⇒北京⇒南京⇒桂林⇒雲南

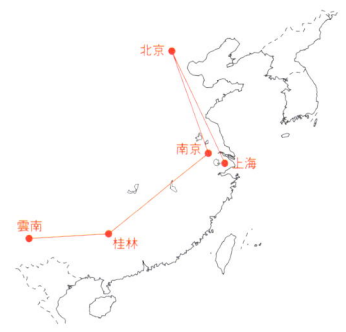

中国 上海で新進気鋭のアートが集まるアートスペース、M50ギャラリー街（莫干山路50号）にて。

隠れきれない世界

「世界に出る」から
「世界にいる」という
感覚への昇華

　僕たちは、世界のどこにでも行ける。会いたい人にどこへでも会いに行ける。今回の旅で、そのことを心から実感した。それらは、安く航空券を手に入れることができるLCC（ローコストキャリア）の普及や、物理的に離れていても気軽につながれるSNSの発達、インターネット・デバイスの発展にともなう恩恵と言えるだろう。
　僕はインターネットの情報は、たとえるなら水だと思う。いま、世界中にその蛇口を探すことができる。ネットやスマートフォンの発達により蛇口を持ち運びすることができるのだ。砂漠の真ん中で蛇口をひねって豊富な水を浴びることができるように、世界のどこにいても地球の反対側の人と顔を合わせて議論ができる素晴らしい時代にいることは間違いない。

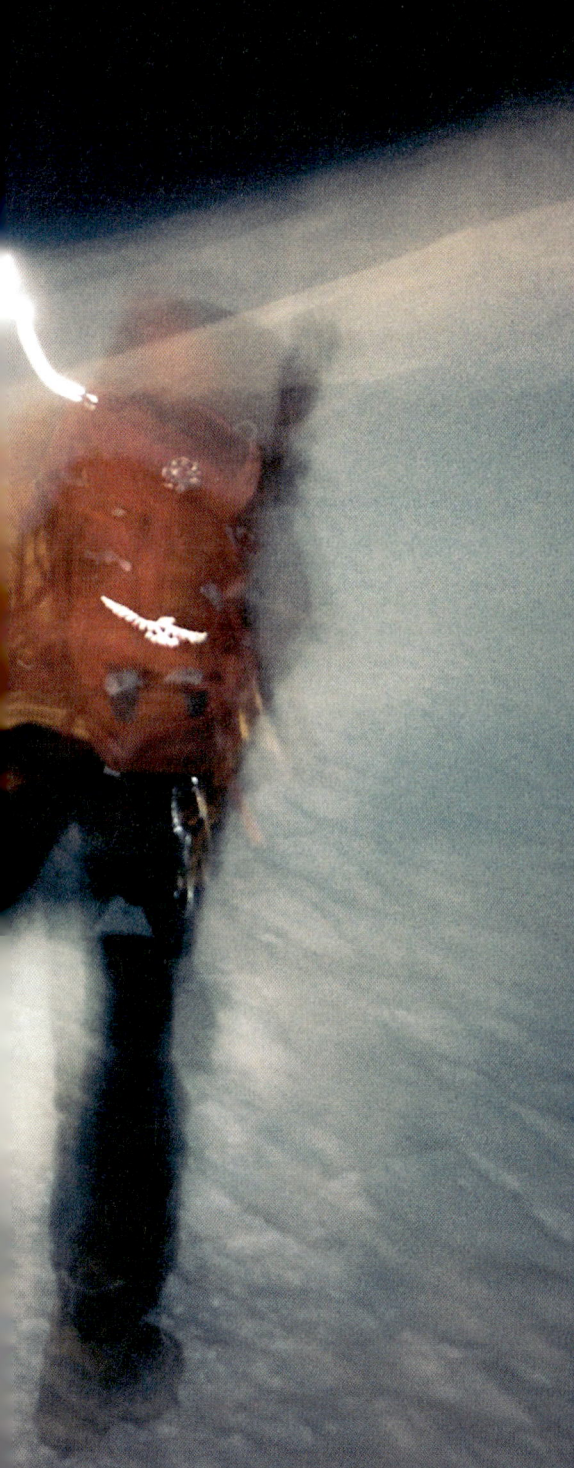

　こういった時代の中で世界は確実に狭くなっている。それは、情報やインターネットだけではなく経済的にも言えることだ。サブプライムローンの破綻による2008年の米リーマンショックは、世界中の国々の経済を混乱に陥れた。2012年のギリシャの財政破綻が日本の地方の中小企業の採用にまで影響を及ぼしている。僕たちは、世界とつながっている。素晴らしいことはもちろん、関わりたくないめんどうなことも、自国や、自分とは関係ないというわけにはいかないのだ。

　よくも悪くも、僕たちは世界とつながった時代に生きている。いま、僕たちは世界に「出る」のではなく、世界に「いる」という感覚を持つべきだと思っている。だからこそ若いときに一度は海外に出てみることをすすめたい。それも、まるで護送船のような団体パックツアーに参加するのではなく、自分でつくった旅をするのだ。そして世界の中の自分を感じて、何者にも頼らず自分の才覚で生きていくこと、そして、そのために何をすべきかを考えることが大事だ。

　20世紀、個人は国家の中にいた。守られてきたとも言えるし、閉じ込められていたとも言える。グローバル化が進んだいま、国家の覆いは外され、個人がむき出しになりつつある。それを、あなたはどうとらえるだろうか。僕は、個人が自分の力を活かして活躍できる素晴らしい時代だと思う。覆いがなくなり、何人も隠れきれない世界にいるのであれば、発見されるのを待つのはやめて、自分で世界を見に行こう。時代のうねりを、肌感覚でつかみながら、世界を自分の中に取り入れて、当事者意識を持つことから始めよう。

いまだからこそ、
旅をアップデートする

新しい旅のカタチ

インターネットと電子機器の発達により、5年前、10年前と比べても旅は大きく変わった。

たとえば、僕はエジプトの砂漠の真ん中、満点の星空の下で、iPadでお気に入りの電子書籍を読みながら、音楽を聴いていた。アフリカ最高峰のキリマンジャロ山に登りながら、Twitterで友達に励まされた。空港での長い待ち時間では、HDD（ハードディスクドライブ）に入っている大量の映画によって、空港が映画館になった。

こういったハイテク機器と、インターネットによって僕たちは、まるで日本の日常生活のように快適な旅ができる時代になった。まずこの素晴らしい時代にいることに感謝したい。そしてそれらの発達に合わせて、僕たちの旅に対するイメージや考え方もアップデートしていくべきだ。

観光地で美しい景色を見て、現地の食事を楽しむというレジャー的な旅も、もちろん楽しい。ただ、僕たちは幸いにもインターネットでつながっていて、現地の人にもFacebook、Twitter、LinkedIn[※1]、カウチサーフィン[※2]などのSNSを使えば容易に会える。少し調べれば、とっておきの秘境にだってアクセスできるし、教育や食生活、働き方など現地のライフスタイルに触れることができる。

※1 ビジネスに特化したSNSの一種。
※2 現地の人の家に泊まれる無料の短期ホームステイのようなもの。使い方など詳細はp.120

世界からお金が集まる、新しいビジネスが常に集まるシンガポールの夜景。高層ビルばかりだが、住宅街だ。

「旅プロ」になる

この人生は旅である。
その旅は片道切符の旅である。
往きはあるが帰りはない。

―吉川英治、小説家

旅をプロデュースする

　「人生は旅」だとよく言われる。左ページで紹介した吉川英治の言葉は、旅も人生も片道切符、その過程で何かを失い、そして得るものもある、という文脈で語られている。

　でも、本書で提案する「新しい旅」の文脈で、「人生は旅」を解釈するとどうだろうか？旅にも人生にもテーマを持ち、常に新しい目標に向かって進んでいく。人生はコントロールできないものではなく（もちろん、旅と同じく偶然に左右され、それを楽しむことも大事だが）、常に未来のために前を向いて進んでいくものにならないだろうか？

　僕たちは、人生を自分でつくるように、旅を制作することができる。自分だけの旅をプロデュースする。自分の旅を自分でプロデュースし、自分で演じ、世間に対してメッセージを送る「新しい」旅人を「旅プロデューサー（旅プロ）」と本書では呼びたい。

　そして、テーマのある旅はひとつのプロジェクトだ。「テーマのある旅」をして、次のキャリアにつなげる過程を、下記に示したように、プロジェクトに欠かせないPDCA（Plan, Do, Check, Action）で考えてみよう。

　2章では、11組の旅プロデューサーたちによる、それぞれの物語を紹介するので、ぜひ参考にしてほしい。

「NOMAD PROJECT」で紹介した
世界で活躍する起業家たち

世界のノマド起業家にインタビューする僕の旅は、「NOMAD PROJECT」として
サイトで発信していた。現場にとけ込んで新しい教育をつくろうとする人、食を通して過去と未来を
つなげる人、未来にむけて石を彫り続ける人、異国の地で仏教の教えを説こうとする人、
人知れず農業に革命をもたらそうとする人など、未来を自分たちの手でつくっている
人々に出会った。興味があれば、ぜひサイトを見てほしい。

http://nomadp.com

〔 掲載インタビュー記事の一部 〕

ミャンマーで唯一、ルビー採掘権を持つ男
森 孝仁氏

世界を横に、アートでつないでいく。
鳥本健太氏

個人は変数、ビジネスは偶発性。
複数のビジネスを手がける
片岡 寛氏

バングラデシュ アリ地獄の街を変える。
渡辺大樹氏

現場から世界を変える。アジアを飛び回る起業家
本村拓人氏

ノマド国家イスラエル アーティスト
倉橋元治氏

サグラダファミリアの主任彫刻家
外尾悦郎氏

海外の荒波から学ぶ
マーク・パンサー氏

FRENCH CHEF KEISUKE MATSUSHIMA
松嶋啓介氏

Gamification ゲームコンサルでノマド
フィリップ氏

夢を叶える会社 DREAM ACADEMIA
ハラルド氏

ペナン島にすむリゾートノマド
チャー氏

世界を周るベンチャーキャピタリスト
古賀洋吉氏

マレーシアで有機農業で起業する
宇佐美氏

2章
旅プロデューサー

世界を旅する人の中でも、
自分のテーマ、物語、プロジェクトを持った上で、
果敢に挑戦する人たちがいる。
彼らは、自分の旅を自分でプロデュースし、自分で演じ、
世界にメッセージを発信する「旅プロデューサー（旅プロ）」だ。

学生の頃に大学を休学して、旅に出た人。
休学せずに、休みを利用して行った人。
社会人になってから、休暇を利用して行った人。
会社を辞めて行った人。さまざまな人がいる。

本書で提唱する新しい旅のカタチ、すなわち、自分のテーマを持ち、
世界に課題を持って挑み、それを発信し、世界と自分を変えていく。
それを実践している旅プロを紹介しよう。
ぜひあなたの旅の参考にしてほしい。

〔本章で紹介する旅プロデューサー〕

● 大学生で旅をした人

本村拓人　　旅×途上国ビジネス ── p.34
濱田真里　　旅×海外で働く日本人女性 ── p.40
加藤功甫　　旅×子ども×自転車 ── p.44
田澤儀高
青木優　　　旅×Facebook ── p.50
金田隼人　　旅×世界の大学めぐり ── p.56
中村優　　　旅×世界のキッチン ── p.62

● 社会人になってから旅をした人

太田英基　　旅×SAMURAI ── p.66
豊泉未知洋・旅×オーガニック ── p.72
千鶴
四方健太郎　旅×サッカー ── p.78
久志尚太郎　旅×ヒッピーコミュニティ ── p.84
長谷川浩史・旅×世界の中の日本 ── p.90
梨紗

01

旅×途上国ビジネス

本村拓人

高校を卒業後、名古屋にて派遣事業を立ち上げるも、わずか1年で会社を閉鎖。
その後、社会学を学ぶためアメリカへ留学。
留学中に『未来を変える80人』という本に出会い、社会起業家に興味を持ち、
本で紹介されている人々に会いながら、世界を旅する。
中でもバングラデシュの起業家、マクスード・シンハさんとの出会いが
自身の目指すべき起業家像を決定づける。旅の中で着目した"貧困"というテーマを
事業を通じて解決することを決意し25歳で株式会社Granmaを創業。
Granmaは、創業メンバーが全員バックパッカーという異色の会社だ。
現在、本村氏は一年のうちの約300日、アジア各国をまわりながら
生活をしており、まさに旅をしながら働いている。

写真＝Sungwon Kim

旅に出た理由
社会起業家・『未来を変える80人』に会う旅

　アメリカで社会学を勉強していたときに『未来を変える80人』という本に出会い、こんなにダイナミックに社会を変革している人々がいるのか、と衝撃を受けました。
　そこで彼らの想いを直接聞きたいと思い、その中の何人かに会いに行きました。バングラデシュの都市ダッカから入り、アフリカ大陸までを陸路で見て回りました。この旅行中に、貧困という資本主義の問題を目の当たりにしました。
　一方で、いわゆる途上国と呼ばれているような国々で、新しい未来を築こうとしている、ぶっ飛んだ現地の起業家たちに出会い、彼らがつくっていく未来を一緒につくりたいと思いました。当時注目され始めていたBOPマーケット（Base of the Pyramidの略。世界の所得別人口構成の中で、最も収入が低い所得層を指す言葉）を旅してまわっていたのですが、BOPマーケットを狙っている人たちに、「消費者的な視点」を持って考えている人が少なかった。需要はあるにもかかわらず、消費者のニーズをとらえた供給者が少ない。だから、流通もマーケティングもうまくいっていませんでした。そこにチャンスを感じて、Granmaを起業しようと思いました。誰もうまく進出できていないBOPマーケットのマーケティングや流通の仕組みをつくるビジネスができるのではないかと感じたのです。現地の社会起業家に会いながら旅をしていたからこそ、こういったチャンスを見出すことができ、旅をする前に自分の中にアンテナがあったからこそ、気づけたことだと思っています。

> 経路：バングラデシュ⇒インド⇒パキスタン⇒オマーン⇒イエメン⇒エチオピア⇒エジプト
>
> 費用：食費＋宿泊費：560ドル／トータル1500ドル（日本からのフライト代含む）

旅での活動
世界を変えるデザイン展

　創業時は自分たちができることでお金を稼ぎ、稼いだお金で途上国を飛び回る。そんな日々でした。そんな中で、かねてから会ってみたかったインドのとある起業家に会いに行くことになります。彼は交通事故で足をなくしてしまった人々のために無償で義足を提供する仕組みを考案し、多くの患者たちを貧困から救い出していました。感動して帰国した僕に、もう1人の創業者が「世界には、君が今回インドで見てきたようなデザインや仕組みがたくさんある」ということを教えてくれました。反射的に、「だったら、そういったデザインを世界から集めて、日本で展覧会を開こうじゃない‼」と、いつもながらの直感で会社の命運をかけてみることにしました。それが2010年に開催した「世界を変えるデザイン展」です。多くの方々からの支援と協力のおかげで、2万人もの人々を集める展覧会となりました。
　現地に入り込めば入り込むほど、途上国でこそ、さまざまなイノベーションが起きていることに気づ

きました。つまり、モノが少なく恵まれていないはずの環境の方が、周りにある少ないものを活用して多くのアウトプットしているということです。先進国から途上国へという従来の流れではなく、途上国で開発されたクリエイティブなアイデアがイノベーションを起こす。それは「リバースイノベーション」と言われていて、僕は大きな可能性を感じています。

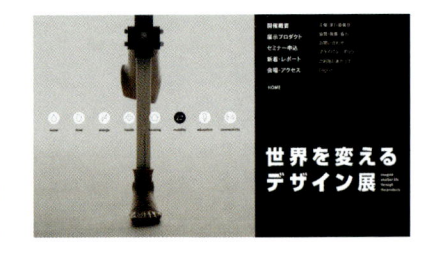

旅での活動
300日/365日　アジアを飛び回る仕事のスタイル

　途上国や新興国では、先進国のような流通網はありません。消費者のデータがないため、ニーズもとらえにくい。そのため、多くの企業はこれらのマーケットに魅力を感じつつも進出できていません。これに対して、僕たちは現地の問題を解決できるプロダクトを普及させながら、現地にある流通の仕組み、消費者のニーズを把握しようとしています。

　たとえば今は、フィリピンで、地産地消を起こそうと思っています。クラウドファンディングの「ready for?」で紹介した「ナプキンをフィリピン農村部の女性に届ける」プロジェクトです。現地のニーズは現地が一番よく知っている。だから、生活者がものづくりに参加する仕組みづくりをするべきだと感じました。既存の完成品が届くという考え方は終わり、自分たちで必要なものは、自分たちでつくる。インド南部に住むムルガナンサン氏が発明した安価な「生理用ナプキン製造機」を使って、フィリピンのミンドロ島の農村部の女性たちに対して、現地で簡単に、安価にナプキンを製造できる仕組みづくりを提供しています。

　いまの生活は毎日、旅にお題をもらっているような感覚に近く、ひとことで僕の仕事を説明するのであれば、現地に行き、多種多様な人に会い、アイデアを共有すること。さまざまなクラスターの人に会

左／インド最貧州のひとつ、ビハールの都市パトナで出会った労働者。「ここから抜け出すためにはお金が必要さ」。温かいインド人のもうひとつの素顔かもしれない。　右／インド北部ハルドワールで遭遇したヒンドゥー教のお祭り。

人だけでなく、生きる知恵から生まれたさまざまな発明との出会いも旅を楽しくさせる。インド グジャラート州。

上／シク教徒の寺院ゴールデンテンプルを後にし、目指したのはインドとパキスタンの国境沿い。その車中で。　左下／インド北部ラダック。標高5000mの町レーに到着早々、高山病で1日半寝込んでしまうことに。恐るべき高山病。　右下／インドのジョードプールでの1枚。腰に巻いたインド国旗ベルトは、以前に訪れたジョードプールでインド人から強引にもらったお気に入りの一品。(写真＝Sungwon Kim)

いに行きます。消費者、生産者、現地の起業家、政府の人。プロダクトの流通に関わる場所は、港から山奥までまわります。それぞれの思惑を確かめたりしながら、現地を調査しています。だから、常にタスクを持って旅をしています。

　1年のうち、300日以上を東南アジアはフィリピン、南アジアはインドを中心に動き回っていて、日常が旅のようです。会いたい人に会い、行きたい所に行く。旅をしながら働いている、といった表現が一番しっくりくると思います。

　最近は便利な世の中で、iPhoneと2日分の着替えとクレジットカードがあれば、世界のどこにでも行けるし、誰にでも会いに行けます。もちろん、パスポートは必需品ですけど。持ち物は少なくてよいと思っています。そのほうが肉体的にも精神的にも移動しやすいですからね。

世界を見て感じたこと
毎日を旅するように働く

　僕の日常は旅だと言いましたが、「人生は旅」だと思っています。毎日人に出会って、毎日新しいものと触れ合って、毎日違う自分に出会える。

　今、日本に足りないと思うのは、極端に振れるクレイジーさだと思っています。日本にももちろん、そういう人もいます。でも、海外には、もっともっとたくさんいるんです。そして彼らは極端なアイデアを行動に移して、実際にやっちゃっている。自分のモノサシの範囲内で物事を考えていたら、いつまでたっても測れるものって変わりません。だから一度、右でも左でも極端に振れている人や現象や物事に出会いながら、旅をすることで、自分のモノサシの長さは変わってくるんじゃないでしょうか。

　身のまわりの既存のルールや社会常識を疑って、実験的に飛び出してみる。とにかく、自分のモノサシの外にあることをしてもいいという許可を自分に与えることです。それをやっても死ぬわけじゃない。世界に対して常に疑って、極端なものや人に出会って、自分のモノサシを伸ばしていく。そのことが、人生という旅をするうえで非常に大切なことだと思っています。

起業 ⇒ アメリカ留学 ⇒ 　旅×途上国ビジネス　 ⇒ Granma起業 ⇒ 世界を変えるデザイン展

本村拓人（Takuto Motomura）
BOP市場の問題をクリエイティブに解決する旅人集団、株式会社Granmaを牽引している。創業メンバーは、みなバックパッカーという異色な会社だ。Granmaの名前の由来は、キューバ革命の先導者カストロや革命家のチェ・ゲバラなどが乗っていた船に由来する。

海外で働く数多くの日本人女性に取材をしてきたことから、講演やイベントなども頻繁に開催し、女性の声を届ける活動を積極的にしている。

02

旅×海外で働く日本人女性

濱田真里

海外で働く日本人女性のリアルな声を発信するメディア、
「なでしこVoice」を運営している。
東南アジアを中心に、世界で生きることを選択した多種多様な
日本人女性のインタビューを発信することによって、
働く「場所」や「スタイル」の選択肢を増やし、
自分自身の生き方を自分の頭で考えて選択する人がもっと増える世の中を目指している。
インタビューした女性は120人になり、イベントや講演会なども開催している。

http://www.nadeshiko-voice.com/

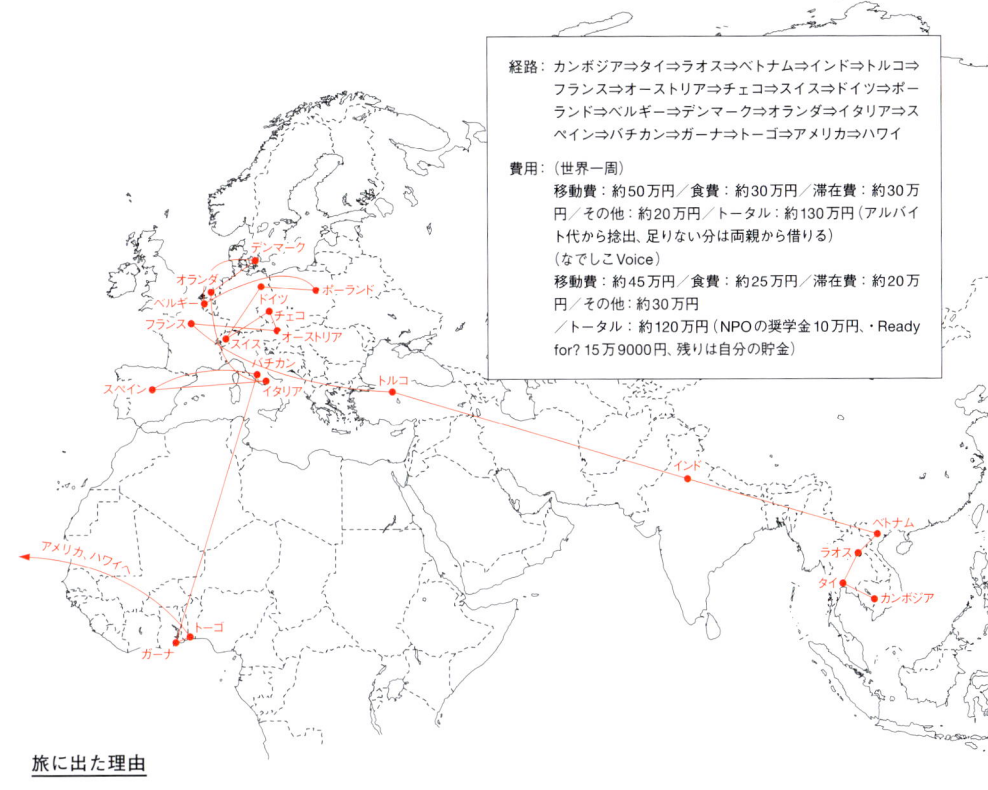

> 経路：カンボジア⇒タイ⇒ラオス⇒ベトナム⇒インド⇒トルコ⇒フランス⇒オーストリア⇒チェコ⇒スイス⇒ドイツ⇒ポーランド⇒ベルギー⇒デンマーク⇒オランダ⇒イタリア⇒スペイン⇒バチカン⇒ガーナ⇒トーゴ⇒アメリカ⇒ハワイ
>
> 費用：（世界一周）
> 移動費：約50万円／食費：約30万円／滞在費：約30万円／その他：約20万円／トータル：約130万円（アルバイト代から捻出、足りない分は両親から借りる）
> （なでしこVoice）
> 移動費：約45万円／食費：約25万円／滞在費：約20万円／その他：約30万円
> ／トータル：約120万円（NPOの奨学金10万円、・Ready for? 15万9000円、残りは自分の貯金）

旅に出た理由

「海外就職」という大きな謎

　世界の現場を見た上で将来の選択をしたい。国際協力の世界で仕事がしたい。と漠然とそんな風に考えていた私は、本格的に就職活動を始める前に、NPO団体やボランティア活動に各国で参加しながら世界一周をすることにしました。その結果、日本にいるだけでは知ることのなかった、さまざまな「働き方」をする人々に出会いました。大学を出たら企業に就職するものだと思い込んでいましたが、それは日本だけの特殊な環境であり、他の選択肢がたくさんあることを世界一周旅行をして知りました。

　帰国後、海外就職も視野に入れて就職活動をしたものの、自分がロールモデルにしたいような、アジアの現地で働く日本人女性の情報がほとんどなくて困ってしまいました。そこで、「ないのなら自分でつくろう」と決意してサイトを立ち上げます。「なでしこVoice」は私自身が一番のユーザーとして必要としていたサイトです。だからこそ、すでに有名で立派な肩書きや経歴を持つ方ではなく、等身大の女性にフォーカスをしています。ステップアップをするために飛び出したり、現地で起業をしたり、アジアの熱気に魅せられて渡っていったような、現在進行形でがんばっている女性たち

です。私が就職活動当時に知りたかった、自分のロールモデルにしたいような人です。取材から発信まですべて自分自身で行い、現地に行って直接女性たちの生の声を聞くことを大事にしてきました。

旅での活動
女性の働き方とライフステージ

　海外でも日本でも、共通して言えることは、女性の働き方に最も大きな影響を与えるのは、その人のライフステージだと思います。たとえば、パートナーがいるかいないか、子どもがいるかいないか、年齢とともに親の介護の問題も生じます。男女平等になったと言っても、女性が家庭の中で大きな役割を担っていることはいまも変わりません。家庭環境と働き方は切っても切れない関係なのです。

　日本人女性が海外で働くようになったきっかけもさまざまです。パートナーと別れて新天地で新しいことをしたいという人、外国人男性と結婚してその国に来た人。海外と日本を比べて、どちらがいいとか悪いとか言うつもりはないですが、子育てひとつとってみてもさまざまな違いがありました。たとえばフィリピンでは、家政婦さんが安く雇えるので、子育てとうまく両立しながら仕事ができます。中国ではほとんどの家庭が共働きなので、職場や家族の中でも、女性の意見が強く、男性も家事育児を普通にします。そんなまわりのサポートの中、私が取材した日本人女性たちは、みんな生き生きと仕事をし、常に笑顔で積極的で、ポジティブでした。

帰国後の活動　世界を見て感じたこと
「海外で働く女性」と「日本で働く女性」の架け橋

　女性の働き方や子育て、家庭のあり方は国によって本当に多様性がありました。今後は社会のあり方と、女性の生き方の関連性も含めて取材をしていきたいと思っています。

　私は外に出て改めて日本が大好きになりました。海外に出ている人の方が、日本人だということを意識している人が多いと思います。違う文化に入り込むと、自分のことや母国について聞かれることが多くなり、自分自身のアイデンティティを見つめ直す機会が増えます。だから日本へ戻ってきたときに、あぁ日本ってよい国だなと思ったり、日本にしかない文化を大事にしたいと思うようになりました。

　海外で働く日本人女性の活躍をもっと日本に伝えたい。そのために、これからも現地での取材を続け、「海外で働く女性」と「日本で働く女性」の架け橋にもなりたいと考えています。

大学1年休学 ⇒ 世界一周（NPOをまわる）⇒ 就職活動 ⇒ **旅×海外で働く日本人女性** ⇒ 就職 ⇒ フリーランス

左上／インドの少女たちと。旅では現地の人と積極的に話すことを心がけている。　左下／フィリピンで取材をさせていただいたレストランUNIQUEASEオーナーの中村さんのお店にて。　右／長期ボランティアをしたインドのやんちゃな小学生たちと。

濱田真里（Mari Hamada）

早稲田大学卒。学生時代に世界中のNPOをまわりボランティア活動をしながら世界一周をする。その後、世界で働く日本人女性へのインタビューサイト「なでしこVoice」を立ち上げ、現代表。今までにアジアで活躍する100人以上の女性に取材する。多種多様な生き方を発信することを通じて、女性がより自分の力を発揮できる社会づくりを目指す。

正しく警戒して、旅を楽しもう!!
女性が世界をまわる上でのアドバイス

女子必読!! 旅のココロエ

〈移動編〉

夜の移動はできる限り避ける。／空港に深夜に到着したら、無理に移動しようとしない。人の多い空港で1晩過ごすという選択肢もある。／移動するときにスキを見せないように常に気を張る。路地などの人通りの少ない所には行かない。／道などを聞くときは、なるべく女性に声をかける（経験上、男性は下心がある人も多いので、嘘をつかれる可能性もある）。／地図を道路で広げない。破って持ち歩くか、携帯やデジカメに写真を撮ってそれを見る。

〈コミュニケーション編〉

簡単に人を信じてついてかない。特に、日本語で声をかけてくる外国人の男性には注意する。／向こうから声をかけてくる人には要注意。困ったときは、信頼できそうな人に自分から声をかける。／観光客が少ない場所では写真を堂々と撮らない。観光客だとわかると目を付けられる可能性がある。

〈宿泊編〉

宿を決めたら、まずはそこの女性オーナーや女性スタッフを見つけて仲良くする。現地の危ない場所などは住んでいる人に聞くのが一番。いろいろな情報を聞いてみよう。／治安によるが、基本的には夜1人で出歩かない。

〈服装／持ち物編〉

身体のラインをあまり見せないなど、服装に気をつける。／持ち物はできるだけ少なく、靴はすぐに逃げられるように全力で走れるものを履く。

43

03

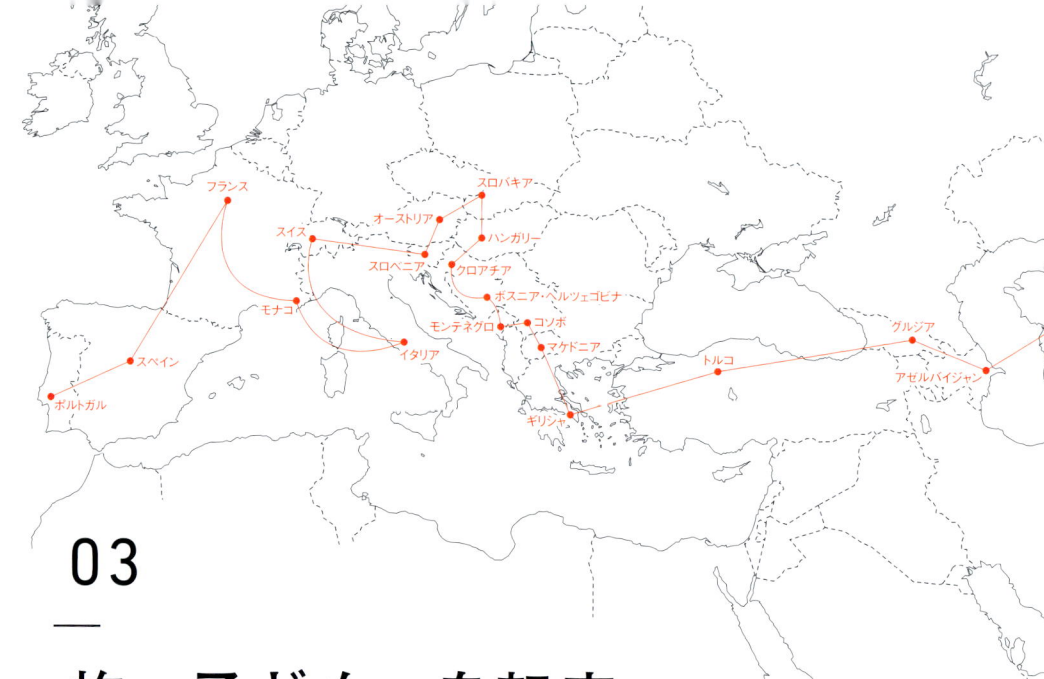

旅×子ども×自転車

加藤功甫　田澤儀高

世界の子どもたちと日本の子どもたちのつながりをつくりたい。
そんな想いから2人の大学生が始めたのが、
「Connection of the Children（CoC）プロジェクト」。
各国の小学校をまわり、出会った子どもたちに糸を結んでもらい、
1本の長い糸をつくる旅。
彼らは自転車のみの移動手段でユーラシア大陸を横断する。

http://coccoccoc.web.fc2.com/

経路：ポルトガル⇒スペイン⇒フランス⇒モナコ⇒イタリア⇒スイス⇒スロベニア⇒オーストリア⇒スロバキア⇒ハンガリー⇒クロアチア⇒ボスニア・ヘルツェゴビナ⇒モンテネグロ⇒コソボ⇒マケドニア⇒ギリシャ⇒トルコ⇒グルジア⇒アゼルバイジャン⇒カザフスタン⇒ウズベキスタン⇒インド⇒バングラデシュ⇒タイ⇒ラオス⇒カンボジア⇒ベトナム⇒中国⇒マカオ⇒香港⇒中国（飛行機でポルトガルに自転車を送り、そこからはすべて自転車を使って、陸路で移動をして、最後は中国から日本へ船で帰りました。）

費用：移動費：約10万円／食費：約15万円／滞在費：約25万円／その他：約70万円／トータル：約120万円（1人あたり）

旅に出た理由

子どもたちを世界でつなぐ、縮小する世界への原体験

　僕らがこの旅をした理由は、そのままなんですが、自転車と子どもが大好きだったからです。もともと日本中を自転車旅行していたのですが、海外でも走ってみたい、ユーラシア大陸を自転車で横断してみたい、という気持ちが生まれてきました。でも、自転車でユーラシア大陸横断をしている人は数えきれないほどいる。何か僕たちらしい旅にできないか、そう考えたときに、「子ども」というテーマが浮かんできました。大学では教育を学んでおり、夢は小学校の教師になることだったので、この旅で、自分たちにしかできない子どもたちと触れ合う原体験ができるのではないかと思いました。こうして、Connection of the Children（CoC）プロジェクトが立ち上がったんです。2人が大学4年生のときにこの旅を思いつき、大学院に進学して、すぐに1年間休学をして旅に出ました。

旅の準備
「意味のある活動をします。応援してください」
想いが通じて、旅へと昇華する

　旅に出ると決めてからは、ひたすら、スポンサーになってくれる企業を探していました。スポンサーからの協賛金の目標を130万円に決め、それに到達できるようにさまざまなアプローチをしました。まず、お世話になっている、ある経営者の方に企画書を見てもらいました。最初はそれこそ、けちょんけちょんに言われました。でもその人が熱意を買ってくれて、相談役になってくれました。そこから、地元の横浜市の会社をGoogleで「横浜　企業」といった具合に検索して片っぱしからメールをしました。1000社にメールを送り、10社の方から返信がありました。そしてごあいさつに行き、企画概要をお伝えし、「世界の子どもをつなぐ旅をするのでカンパしてください！」とお願いにまわりました。熱意を気に入ってもらった会社がほとんどでした。

ウズベキスタン、リシタンにあるNORIKO学級での集合写真。日本語を学ぶ子どもたちがいるこの場所に1週間滞在した。

その他にも、商品を旅の中で使って、効果を発信するということで、1社あたり5万円から10万円ほどのカンパをいただきました。最初は広告塔になろうと思いましたが、僕たちは有名人でもないただの学生。「今の僕たちでは何もできないが、意味のある活動をします。カンパしてください」と話していました。スポンサーを得ようと思うのではなく、「応援してください」といったスタンスでしたね。そうすると、「会社では出せないが個人で出す」という方も増えてきました。またBado!という旅に特化したクラウドファンディングがあり、そこでプレゼンをしたところ優勝できて、40万円の賞金をいただきました。

　物品の提供スポンサーも探しました。自転車、装備、服、テントなど最もお金のかかるもので、どうにかスポンサーを得られないか考えていました。そこで、トライアスロン博覧会などのスポーツ展示会まわりをしました。スーツを着て、企画書を持って、1社1社に提案をしました。そうすると、1つ前の古い型番だけれどもカンパするよという会社の方がたくさんいて、自転車などをもらうことができ、合わせて70万円相当の物品をもらうことができました。

　旅の費用はトータル250万円で、半分は自分たちでためて、半分はスポンサーでと決めていました。

ギリシャの荒野。摂氏45度の中を朦朧とする意識の中で走った。

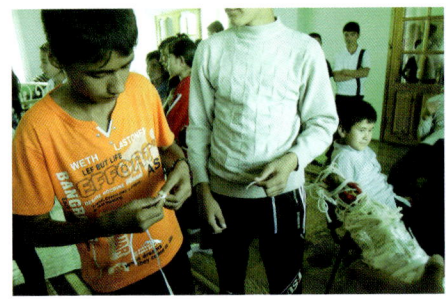

左／ウズベキスタン、NORIKO学級にて。　右／トルコの小さな商店にいた少年。町で出会う子どもたちにも糸をつないでもらう。

スポンサーからのカンパは物品も合わせて150万円（物品70万円くらい、法人からの協賛金で40万円、Bado!で40万円）をいただきました。

旅での活動
シルクロードは思っているほどきつくない

　旅の経路は、まず訪問したい小学校を決め、そこにアポを入れた上で決めていきました。最初は数校しか訪問の予定を立てていなかったのですが、実際に現地をまわっていくうちに40弱くらいの学校を訪問しました。それらの小中学校の現場の教育を見ながら、子どもたちに糸を結んでもらい、トータルで5000人の子どもたちに糸を結んでもらいました。

　移動手段は自転車のみに徹しました。飛行機でポルトガルに東京から自転車と共に向かい、そこから中国まで一切の公共機関を使わずに自転車で横断しました。現地で地図を手に入れてその地図を参考に次の街まで行く距離と時間を計算し、それに必要な水と食料を買って、移動していました。8:00 am-15:00 pmを移動の時間として使い、それ以外の時間で食料の調達と寝る場所の確保をしていました。一般の観光客が普段行かないようなマイナーな場所に行くことが多かったので、事前に入手できる情報が非常に少なく、基本的には現地のインフォメーションセンターや現地の人に聞いていました。意外かもしれませんが、ユーラシア大陸はシルクロードが昔からあったこともあり、100kmおきに休憩できる場所が整備されていて、自転車の旅もそれほどきついものではありませんでした。

　食事は、ヨーロッパはスーパーで買って自分たちでつくり、砂漠などでは食料を持ち運んでの自炊、東南アジアは安いので外食が多かったです。寝る所は、3割がテント。それ以外は、ヨーロッパ・中国では安宿、そして東南アジアではほとんどお寺に泊めてもらっていました。お寺は実は旅人を受け入れてくれる所が多く、寝袋さえあれば、お寺の中で泊めてもらえます。所によっては、食事までごちそうしてもらえました。

旅での活動
メディア戦略　世界はどこでもつながっていた

　旅の中で常にやっていたことが2つありました。ひとつは、協賛してもらった会社の1つであるバイシクルクラブさんの自転車雑誌で、月に1度コラムを書いていたことです。旅行しながら原稿をつくりメールで送っていました。もう1つは、横浜のラジオ番組に出演していたことです。毎週、10分くらい日本とつないでの出演していました。砂漠を移動する時間が多かったにもかかわらず、1年間でネットがつながらずラジオに出演できなかったのは2回だけでした。世界はどこでもネットでつながっていると改めて実感しました。

　こういったメディアを使って発信していたからこそ、帰国後にさまざまな仕事のお話をいただけたと思っています。

帰国後の活動
世界が子どもたちでつながる日常を演出する

　旅を終えてからは、協賛してくれた会社にお礼と報告をしてまわりながら、さまざまな場所で講演活動をしました。企業での講演もしましたが、それ以上に小学校、中学校、高校で講演する機会が多く、帰国してからも糸を持ち歩き、子どもたちに糸を結んでもらい今では7000人を超える糸のつながりをつくることができました。

　また、『ユーラシア大陸横断自転車2万キロの旅』（エイ出版）という本も出すことができました。いまはお互い教育の道に進むという夢に向かって、日々大学院で勉強をしています。

　僕たちが今回まわった国は31カ国のみ。世界にはオリンピックに加盟している国だけでも204カ国ある。世界の子どもたちがつながるCoCプロジェクトにたくさんの人を巻き込みたい。だから興味のある人はご連絡ください。

自転車で日本を周る ⇒ 大学院休学 ⇒ 旅×子ども×自転車 ⇒ 出版／大学院に戻る

加藤功甫（Kosuke Kato）／右
1988年長野生まれ。トライアスロンロング世界選手権出場。自然大好き。
所属：横浜国立大学教育人間科学部保健体育科専攻
Twitter：@kosuke375

田澤儀高（Yoshitaka Tazawa）／左
1987年横浜生まれ。大学まで往復30キロの道のりを自転車で通うほどの自転車好き。
Twitter：@dsawa

ヨルダンの死海。体が徐々に浮き上がっていく、あの感覚が忘れられない。

04

旅 × Facebook

青木 優

2011年、大学4年生のときに大学を休学し、
Facebook、TwitterなどのSNS（ソーシャルネットワークサービス）を活用しながら、
7ヶ月かけて世界を一周。
宿泊は、あらかじめFacebook上で仲良くなった人や現地の人の自宅。
彼らにインタビューしそれを自身のサイトで発信するなど、
SNSを駆使した新しい旅のカタチを実践してきた。

http://www.aokiu.com/

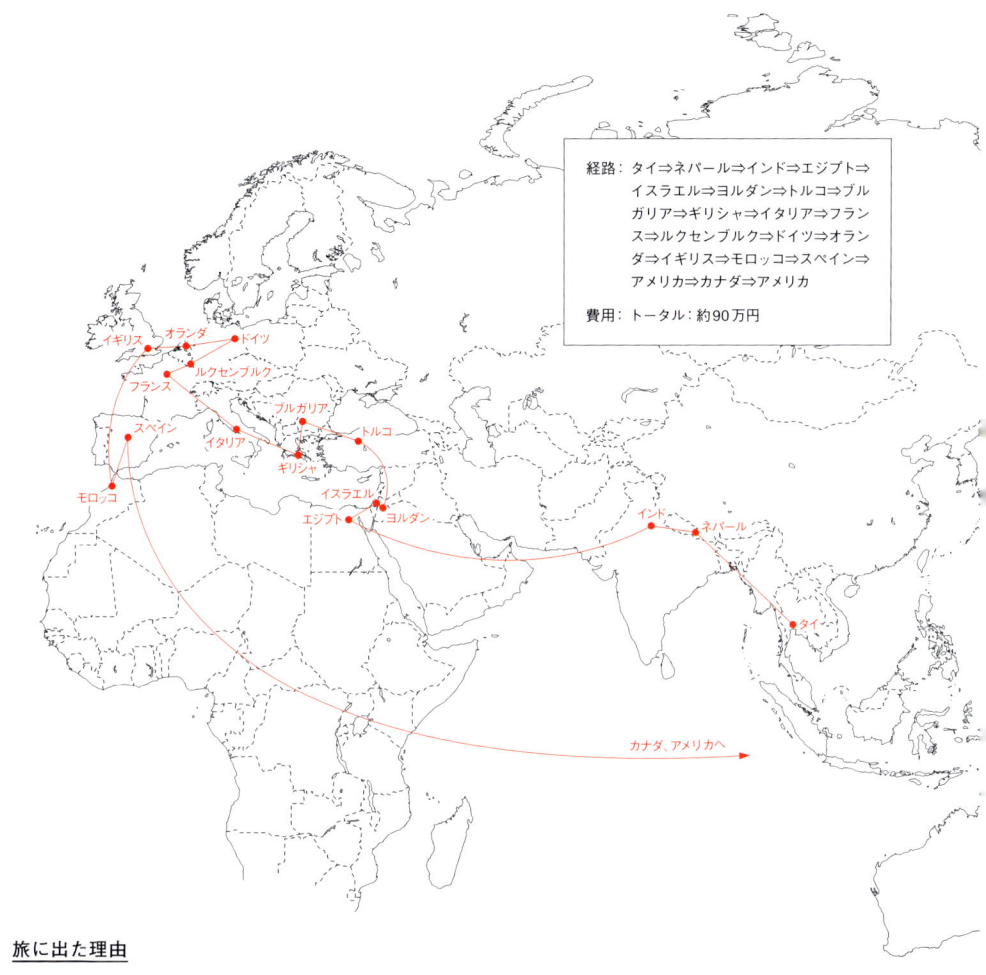

経路：タイ⇒ネパール⇒インド⇒エジプト⇒イスラエル⇒ヨルダン⇒トルコ⇒ブルガリア⇒ギリシャ⇒イタリア⇒フランス⇒ルクセンブルク⇒ドイツ⇒オランダ⇒イギリス⇒モロッコ⇒スペイン⇒アメリカ⇒カナダ⇒アメリカ

費用：トータル：約90万円

旅に出た理由

ありふれた旅からの脱却

　Twitterでたまたまフォローした人が世界一周経験者で、学生でも世界一周ができるということを知りました。それまで海外に出たことがなかった自分にとっては、かなり刺激的だったことを覚えています。その後世界一周をする前に、東南アジアに旅行をしたことがあったのですが、帰国して旅を振り返ってみると、その国の一面しか見れていないな、と感じたんです。観光はよくも悪くもつくられたものだと実感し、多角的に世界各国を見るような旅をしてみたくなりました。

　世界一周するにしても、どこか自分らしい旅の形をつくっていきたいと思いました。もともと日本でも、Twitterを使って、お会いしてみたい人に積極的にお会いしていたので、これを世界でもできたらおもしろいことになると思ったんです。現地の外国人や日本人に、カウチサーフィンやFacebook、Twitterを介して、会いたい人に会いながら旅をする、そんな旅をしてみようと思いました。

　旅の目的は以下の3つでした。

1）世界を知りたい。多くの場所に行きたい
2）世界中の人（ビジネスマン）とつながって、将来世界でビジネスをする糧にしたい
3）世界の中の日本文化の受け入れられ方を見たい

旅の準備　旅での活動
ソーシャルな履歴書がチカラをつける

　旅の準備には大体6ヶ月程度かかりました。まず世界一周についての情報収集から始めました。ネットで世界一周について調べ、実際に行った人に会って、そもそも世界一周とは何なのか？というところから、旅のイメージを膨らませていきました。

　次に考えたのが、世界一周のコンセプトづくりです。ただの世界一周とは差別化できるようにしたかった。コンセプトは友人やお世話になっている社会人、経営者の方に見てもらい、ブラッシュアップしていきました。コンセプトを決めた後はウェブサイトを作成し、旅に出ました。

　プロジェクトを遂行するミソは、そのコンセプトやテーマが世界一周後の自分に直結するようなものであることです。将来的に自分のやっていきたいことと、自分の強みをうまく組み合わせたプロジェクトにするのがよいと思います。

モロッコの2泊3日のサハラ砂漠キャンプ。
無限に続く砂の大地に圧倒される。

僕は自身のウェブサイトの中で、旅の途中で出会ったおもしろい人やコト、モノを発信しながら世界をまわっていました。たとえば、「世界一周してる大学生が12日間、人と話してはいけない、目も合わせてはいけない、読み書きや娯楽が一切禁止のヴィパッサナ瞑想修行（インド）に参加してきました」や、「海外1人旅したい人向け！世界一周経験者による、バックパッカー入門ガイド」などのコンテンツを発信してました。また常にFacebook、Twitterでも近況をアップデートしていました。

　今回は人と会いながら旅をするというのが大きな目的のひとつだったので、事前に世界一周のためのウェブサイトやFacebookページを立ち上げていました。ウェブ上にコンテンツや記録をしっかり残していたので、面会をお願いした人々に「青木くんには会いやすい」と言われたことを覚えています。ウェブやSNSを見れば僕がどんな人間かわかるので、会う前から信頼度が高まっていたのではないかと思います。そのおかげで旅の中で多くの出会いをつくることができ、旅がより濃くなりました。同時に、カウチサーフィンやFacebookで仲良くなった人の元に泊まったりすることもでき、世界一周の費用を90万円まで抑えることができました。旅をすることが、ひとつのポートフォリオになり、それがSNSで積み重なっていく。そう考えると、いまやSNSは履歴書のような役割を持っているのではないでしょうか。

帰国後の活動
日本の素晴らしさを再定義した
まるで違う国のような地方の特色

　帰国後は、休学していた大学に戻りました。旅の経験を元に、これから世界一周をする人にとって役立つような情報を自身のウェブサイトで発信したり、それらをまとめた電子書籍の販売などをしています。またブログというメディアを持った経験や、そこでマネタイズした経験は帰国後の仕事にも活き、現在は、海外事業の企画立案・ソーシャルマーケティング・イベント主催もしています。こうした仕事もしっかりとしたテーマを持って世界をまわり、さまざまな情報を発信してきたからこそできたのだと思っています。そして何よりも継続してきたことで、自分への理解も深まり、これから何をしていきたいかをしっかりと考えることができました。

　今回の旅を通して、僕は改めて日本の素晴らしさに気づかされたと同時に、日本の文化は世界で十分通用すると感じました。帰国後は、新潟、福岡、京都、石川、奈良、大阪、香川、静岡などをヒッチハイクをしてまわってみたんです。それが本当におもしろくて、国内ですらそれぞれにまったく違う世界がありました。1県1県違う国なんじゃないか、そう思ったんですよね。でも、現地の人はその特色に気づいていない。気づいていないから、それを発信していかない。もしくは、発信の仕方がわからない。発信しないから、その土地のよさが他の土地の人に伝わっていない。

　旅をする前から、日本の文化発信とインバウンド観光の分野で活動していきたいと思っていたのですが、帰国して1年間が経ち、よりその想いが強くなりました。これだけ素晴らしいコンテンツがある

のに、まだまだ活かしきれていない。日本のコンテンツを世界中の人たちに知ってもらいたい。そのために、一個人として、これからも動いていって、日本と世界をつなげていきたいです。

世界を見て感じたこと
世界一周のさまざまなカタチ

　今後、間違いなく世界一周というものがより多様化していくと思っています。自分なりに何か目的を持って海外をまわり、その唯一無二の体験を次につなげていく人は、今後もさらに増えていくと思っています。インターネットなどで検索していると何でもわかった気になってしまいますが、それは情報でしかない。むしろこういった社会だからこそ、自分の原体験に価値を見出す生き方が増えていき、それらひとつひとつの原体験こそが、今後の人生の土台になっていくと感じています。原体験は自分だけのものですからね。

　でも単に世界一周をするだけでは意味がない。1週間でタイ、ロンドン、ニューヨークを回って、日本に帰ってきても同じ「世界一周」です。だからこそ、自分なりの「世界一周」を、自分なりに定義しなければいけないし、自分なりの目的を持って、それらを追求していくべきだと感じています。

大学1年休学 ⇒ 旅×Facebook ⇒ 日本放浪 ⇒ インバウンド事業に従事

左／日本のポップカルチャーを発信するために、カタールのドーハ国際ブックフェアに参加。　右／7ヶ月の世界一周最後のフライト。サンフランシスコから日本に向かう。

一歩踏み外したら、死。ヨルダン、ペトラ遺跡の断崖絶壁。

青木 優（Yu Aoki）
明治大学国際日本学部卒。FacebookなどのSNSを活用しながら世界をまわった経験を活かして、帰国後は日本のインバウンド観光に注力。カタールのドーハ国際ブックフェアなど、日本を世界に発信する事業に従事している。
Facebook: http://www.facebook.com/aokiu
Twitter: https://twitter.com/yuuu_a
HP: http://www.aokiu.com/

05

旅 × 世界の大学めぐり

金田隼人

「世界一志友」の旅は、獨協大学の学生2人が2010年に立ち上げた
プロジェクト。大学4年の後期から半年間、世界中の大学をめぐりながら、
現地の大学生たちとつながる旅だ。各国各大学のキャンパスを訪問し、
現地の学生と話をしながら、夢をボードに書いてもらう。
このプロジェクトは現在も後輩に引き継がれており、
2010年に大村貴康さんと宮本秀範さんが立ち上げ、
2011年は第2期として金田隼人さんが引き継ぎ、
2012年の現在は小林明日香さん、2013年は斉藤悠輔さんがまわる予定だ。

ハーバード大学MBAの夏の緑に囲まれた校舎。

> 経路： ソウル大学（韓国）⇒北京大学（中国）⇒チュラロンコーン大学（タイ）⇒ホーチミン人文科学社会大学（ベトナム）⇒国立シンガポール大学（シンガポール）⇒ダッカ大学（バングラディッシュ）⇒コルカタ大学（インド）⇒イスタンブール大学（トルコ）⇒ヨルダン大学（ヨルダン）⇒ヘブライ大学（イスラエル）⇒カイロ大学（エジプト）⇒国立ローマ ラピエンツァ大学（イタリア）⇒バルセロナ大学（スペイン）⇒国際大学都市（フランス）⇒ブリュッセル大学（ベルギー）→アムステルダム大学（オランダ）⇒ゲーテ大学（ドイツ）⇒コペンハーゲン大学（デンマーク）⇒オックスフォード大学（イギリス）⇒ハーバード大学（アメリカ）⇒サンパウロ大学（ブラジル）⇒メキシコ国立自治大学（メキシコ）　他
>
> 費用： 移動費：約95万円／食費：約40万円／滞在費：約20万円／その他：約30万円／トータル：約185万円

旅に出た理由

世界で志をともにする仲間とのネットワークづくり

　「最近の日本の若者は内向きだ」、「海外の若者はもっと積極的だ」、「グローバル化で韓国に負けている」。新聞や雑誌などでこのような記事を見て、日本の若者の1人として、実際に海外の同世代の若者と交流し、本当にそうなのか確かめたいと思いました。また、SNSの普及によってネット上で気軽に交流ができるようになったからいまだからこそ、同世代の世界の若者とリアルなネットワークをつくることが、今後大きな価値を持ってくると思いました。

　「世界一志友プロジェクト」は、「大学生」という世界共通の肩書きを持った自分たちが、旅を通して世界の大学生と出会い、リアルなネットワークをつくる旅です。各国の教育環境と文化を肌に感じることで、海外の学生が何を考え、どういう将来像を描いているのかをサイトで発信しました。

　現在、このプロジェクトメンバーは全員、獨協大学の学生です。大学4年生の前期までに卒業に必要な単位を取得してから、旅をしています。だから誰1人、休学をせずに世界をまわっています。これ

もこのプロジェクトの特色だと思います。

　獨協大学には、同窓会ネットワークが海外に5拠点あり、その拠点を中心に世界の大学をめぐります。これらを通じて、獨協大学の世代を超えたつながりを構築したいという想いと、「語学の獨協」と謳いながらも、グローバル視点が少ない在校生を、もっと外向きに変えていきたいという想いがあります。これからも毎年、獨協大学の在校生から世界一周する人を輩出し、現地調査を含めて、海外のネットワークをより強固にしていきたいと思います。

旅での活動
当たり前という認識の大きな罠

　大学めぐりは、事前にアポイントを取ってから訪問した大学が半分、残り半分は飛び込み訪問でした。事前アポイントの場合は、第1期から続くネットワークでの紹介がほとんどです。飛び込み訪問のときは、何食わぬ顔で大学キャンパスに入り、中庭に座っている大学生に声をかけ夢を聞いたり、キャンパスを案内してもらったり、日本語学科のクラスにお邪魔し、飛び入りで講師をさせてもらったりしていました。旅で得た情報や経験の発信は、TwitterやFacebookが中心でした。

　世界中の大学をまわったからこそ、国や地域ごとにある、大学の違いを意識していました。たとえば、中国では北京と上海の大学を訪ねたのですが、同じ中国でさえ、大学の雰囲気はもちろん、学生の気質や考え方まで違って見えました。北京では大学に入るだけでパスポートが必要で、中に入ると多くの学生が必死で教科書を読んでいました。一方上海は、セキュリティもゆるく、キャンパス内でも和気あいあいと過ごしている学生の姿が目立ちました。同じ国ですら、大学の雰囲気や気質が違うことは、大変興味深かったです。

　世界中の大学生と会っている中で、一番驚いたことは教育に根づく、「当たり前という価値観」の違

左／カリフォルニアにあるスタンフォード大学内にて。滞在中、終始晴れという素晴らしい天気。　右／学園都市、ボストン市内の公共図書館にて。

ニューデリーにそびえ
立つインドの門にて。

イギリス郊外の教会。映画「ハリー・ポッター」に出てきそうな雰囲気のある建物。

いでした。たとえば、エジプトでは小学校が5年制で日本より一年短く、21歳で大卒としてIBMで働いている学生がいました。イスラエルでは、軍役が男性3年、女性2年と義務づけられているので高校卒業後、軍に入りその後受験勉強をしている学生がいます。イギリスの学生は常日頃、夢を明確に持って勉強しているのに対し、イスラエルの学生は、夢は特別持つものではなく、日々を楽しむことを教えられていました。

　このように世界には本当にさまざまな学生がいます。旅を終え、国同士の学生を比べたときに、世界でも1番特異に感じた学生は、実は日本でした。

　旅をしている中で、海外の学生に1番驚かれたことは、僕が企業から内定をもらいながら、休学せずに半年間世界一周の旅をしているということでした。彼らにとって在学中に就職活動をすること自体ありえないことでした。新卒の一括採用とは日本独自の制度で、海外では基本的に就労体験を在学中か、卒業後に積んでから就職をするというのが一般的です。ここでも、日本の当たり前は、海外の当たり前ではないと痛感しました。

帰国後の活動　世界を見て感じたこと

今こそ、日本を世界に発信する
形のない価値を世界のフィールドへ

　僕の場合は、旅に出る前に就職活動をして就職先を決めてから出発しました。帰国後は、大学の卒業式を終え、お世話になった企業の方に旅のご報告をしたり、講演会の講師として全国行脚したり、某新聞社で記事の連載をさせていただいたりしました。就職後、旅の経験を評価され、その会社ですぐに役員に抜擢され、大学めぐりをしている際にビジネスの話をしていたイタリア人や世界各地で会った日本人と取引を開始することになりました。

　旅の中で外から日本を見てきて、世界というフィールドの中でも日本は一番誇れる国だと改めて思いました。サービス精神や、おもてなし、気遣いは間違いなく世界一です。それらの目に見えない価値は、世界においても今後ますます必要とされるのではないかと思っています。

　世界一周をして感じたことで大事にしている感覚があります。それは、文化や経済状況が違ったときに「違い」ととらえるのか、「差」ととらえるかです。とらえ方によって、意味合いが変わってきます。「違い」は、優劣ではなく、あくまでギャップ、事実です。「差」は、レベル、時系列などで「進んでいる」「遅れている」、「優れている」「劣っている」という言葉で表されるでしょう。日本は世界に対して、大きな「違い」を持っています。その代表例が、サービス精神やおもてなし、気遣いといった精神的な価値だと思います。それらが今、世界各地で必要とされていることを肌で感じました。

　一方で、今の日本人は長い不況の中にありながらも物質的には満ち足りていて、反骨心がないと言われています。島国、言語、歴史的宗教的観点から言っても、高度経済成長を遂げた戦後の日本は平和ボケしている部分があるのかもしれません。いまこそ、日本を世界に発信し、日本人が日本というフィールドから世界というフィールドへシフトしていくことで、反骨心を取り戻し、世界の中心として牽引していくべきだと思いました。日本という国はその可能性を大いに秘めていると確信しています。

就職活動 ⇒ 大学4年生で休学せずに 旅×世界の大学めぐり ⇒ 就職（取締役に抜擢）

金田隼人（Hayato Kaneda）
1990年3月、埼玉生まれ。株式会社 営業課 取締役。獨協大学卒。"瞬間を生きる"が理念。大学在籍中に、さまざまなビジネス団体を立ち上げ、代表を務める。また、採用事業を立ち上げ、全国各地を行脚する。世界中に人を中心としたさまざまな出会いを創出し、感動を生むことを志に掲げ、世界一周大学めぐりを行う。現在は、人材教育事業を通して、若者高度人材の輩出を軸に、活動中。

06

旅×世界のキッチン

中村 優

カウチサーフィンを利用しながら、世界中の家庭にあるキッチンをまわり、世界の家庭料理・世界中のローカルフードのつくり方を学ぶという体験と、料理をつくるときの人の笑顔やその背景にある文化を、動画で紹介する旅をした。

料理の師匠のお店、「キッチンわたりがらす」の前にて。
今でもたまに店に出ることも。

経路：ドイツ、ベルギー、スペイン、フランス、イタリア

費用：移動費：約18万円／食費：約10万円／滞在費：約3万円／トータル：約31万円（宿泊費はカウチサーフィンをうまく利用して、食費も家庭で一緒につくっていたため、ほとんどかかりませんでした。）

旅に出た理由
世界のキッチンが笑顔をつくっていく

　私が1人で本格的に海外に行き始めたのは大学2年生の夏。1年間休学をして、アメリカはカリフォルニアにある語学学校に行きました。数ヶ月後、英語がある程度話せるようになったところで、大学に転入しようとニューヨークへと渡りました。ビザの書き換えを待つ間一人旅をする中で、さまざまな国から来た、異なる価値観の人たちに出会い、2週間が経つ頃には「大学にはどうせ戻れるのだから、この1年はもっと自由に"経験"を求めてもいいのかも」と考えるようになっていました。そして3ヶ月後には、法学部の私にはまったく関係のないはずのスペイン語を学ぶため、スペインの片田舎に住み始めていました。

　ニューヨークとスペインで、今までの自分の価値観では測れないような、自由で素敵な生き方をする人たちに刺激を受けました。「外国人を含めた、独特の価値観で生きるおもしろい人たちが集まる場所を地元に作りたい」と、帰国し学校に復帰した後、バーで1年ほど国際交流イベントを主催していました。その頃、岐阜県で青年ニューヨーク遊学支援事業というプログラムを実施しており、ニューヨークの社会起業家にインタビューするという1ヶ月のプランを提出したところ採用され、今度はプロジェクトを持ってニューヨークの地へと赴くことができました。社会を変えることを仕事にしている彼らの多くが、社会の問題を目の当たりにして「自分がやらなきゃ」と痛烈に感じた経験を持っていました。

　カンボジアやタイの田舎などで裸足で駆け回る子どもたちを見て、「なんて、きらきらとした笑顔をするんだろう」と思いました。もちろん医療や衛生面など、確かに問題を挙げればきりがないけれど、お金のある国が幸せとは限らない。当然のように思っていた「よりよいもの、よりよい国」は、ひとつの尺度でしか判断できていなかったんだと気づきました。そんな中、私が確信を持って一番大切だと思えたのが「笑顔」。みんな笑顔ならば争いは起きないし、幸せなのではないかと。そしてどこの国でも老若男女問わず、「食」は人を笑顔にする要素だと気づきました。美味しい食事をつくっている人も笑顔、美味しい食事を食べている人も笑顔。食には笑顔の連鎖を生み出せる力があると感じました。だから、世界のキッチンを自分の足でまわり、世界の家庭料理を学びながら、そこで生み出される笑顔を動画で撮って発信して、笑顔をつなげていこうと思いました。

旅の準備　旅での活動
自分をコンテンツ化して、カウチサーフィンで世界をまわる

　「旅×世界のキッチン」に行く前は、「このようなプロジェクトをします」と、たくさんの人にお会いしていきながら、企業やスポンサー、応援してくれるパトロンを探していました。周囲の仲間や友人の紹介もあり、旅の資金として合計で30万円の資金援助をいただくことができました。たとえば、日本酒を海外で広めてくるということで、日本酒の酒蔵の方に応援してもらったり。日本酒の瓶をバックパッ

クに入れて、担いでまわったのは少し重かったですが（笑）。

　旅の中では、カウチサーフィンをうまく利用していました。行きたい都市に住んでいる現地の人で、料理が大好きだというカウチサーファーに連絡をして、「世界のキッチンをまわる旅をしています、日本食も教えるので泊めてください」というメッセージを送っていました。世界のキッチンをまわる旅をしている、少し変わった旅人ということもあり、多くの方が注目してくれました。私がその土地の素材を使って料理をつくったり、逆に家庭料理を習ったりしながら一緒にキッチンに立つと、驚くほどすぐ仲良くなり信頼関係が生まれました。泊めてくれた人が友人を紹介してくれるようになり、多くの人と出会う場をつくってくれたりするようにもなりました。そういった体験を動画でまとめて、旅をしながら随時YouTubeにアップしていたので、カウチサーフィンを使っていて食に興味がある人からの反響も非常に大きく、ぜひ来てほしいと言ってくれる人も現れました。世界の食を毎日生で学ぶことができ、何よりも食を通して本当に素敵な笑顔と出会えたことは私の一番の財産でした。

　私の旅は、テーマを持っていたからこそ、会いたい人に会えたのだと思っています。テーマを持つ意味はそれぞれにあると思うのですが、そのテーマがキャッチーであれば、初めての人にも自分に興味を持ってもらうきっかけづくりになったり、ただ会いに来たというよりも、何かを一緒に取り組むきっかけにもなる。自分をコンテンツ化していくことで、人が集まり、夢の実現を手助けしてくれると感じました。

帰国後の活動　世界を見て感じたこと
世界を舞台に、食と編集を横断する働き方

　帰国して大学を卒業してからは東京に出て、さまざまな人にお会いしていました。手段として始めた料理を、もっと本格的に学びたいと思っていたとき、素敵なシェフと出会いました。また、人の考え方や生き方をもっとしっかり伝えられるようになりたいと思っていたとき、尊敬できる編集者と出会うことができました。お金はいらないので教えてくださいと弟子入りし、だんだんお給料をもらいながら近くでしっかりと学ばせてもらいました。また、今回の旅での経験は「旅人キッチン」という、自分が旅した国の中から1国を選んでその国の家庭料理を出すという、原宿のバーでの定期イベントへと発展しました。各国家庭料理をテーマにしたケータリングを友人たちの間で開催していたところ、それが口コミで広がり、ホームパーティーのケータリングをしたり、小さなパーティーに呼んでもらったりしながらケータリングの活動もさせてもらうようになりました。編集の仕事としては、海外をまわってトラベルガイドブックの取材をしたり、地方の農家の方のインタビューなども行わせてもらえるようになりました。

　世界中の人にインタビューをした旅と、世界中のキッチンをまわった旅の経験が活きて、編集の仕事と料理の2つの仕事を横断しながら働けるスタイルにつながったのかもしれません。それぞれの仕事がリンクすることも非常に多く、編集をやっていたからこそお店のPRができるようになったり、料理をやっていたからこそシェフや農家の方のインタビューに活きたりもします。

旅行しながら発信していたことによって、世界中で同じような夢を持った仲間が集まり、国が違えど一緒に何かできるような人と出会えたことが一番の財産。日本に帰国してからもカウチサーフィンに登録をして、外国人旅行者を自宅に受け入れていました。海外だろうと日本だろうと、同じ夢を持っている人はつながっていきます。これからも、世界を舞台に今まで学んだことを活かして、周りの人に笑顔の連鎖を生みだせるような仕事をしていきたいと思います。

語学留学 ⇒ 旅×世界のキッチン ⇒ ケータリング／編集など世界を舞台に仕事をする

左／スペイン人のフォトグラファーカップルが今度は日本に泊まりに来て、スペインパーティー。　右上／コーヒーファームを経営するママがつくる、ホームメイドクッキーは絶品！　右下／シンプルなパンも、手づくりすると焼き上がる香りとともに幸せな空気が部屋に広がる。

中村 優（Yu Nakamura）
大学生のときに、岐阜県からのサポートで、「ニューヨークに社会起業家インタビュー」と題して、45日間の旅をする。その後、2009年12月から3ヶ月間、カウチサーフィンを利用し、ヨーロッパの家庭のキッチンをまわりながら、料理をつくるときの人の笑顔やその背景にある文化を動画で紹介する旅をした。帰国後は、編集者と料理人という2つの肩書きを持ち活動している。料理人としては、「旅人キッチン」や、「世界のキッチン」というテーマで、旅の中で学んだ料理をつくり、ケータリングもしている。その一方で記事編集のフリーランスとして、旅行ガイドブックなどのインタビュー、雑誌の編集をしながら世界をまわり歩いている。

中東ヨルダンの死海の泥パック。

07

旅 × SAMURAI

太田英基

世界各地で活躍する日本人ビジネスマン（サムライ）の元を訪ねていきながら、彼らの仕事のスタイルや、考え方、経験などの情報を自身のサイトSAMURAI BACKPACKER PROJECTで記事にして発信。若者がキャリアを考える際の選択の幅を広げ、グローバルと向きあうキッカケをつくることを目指す。

http://samuraibp.com/

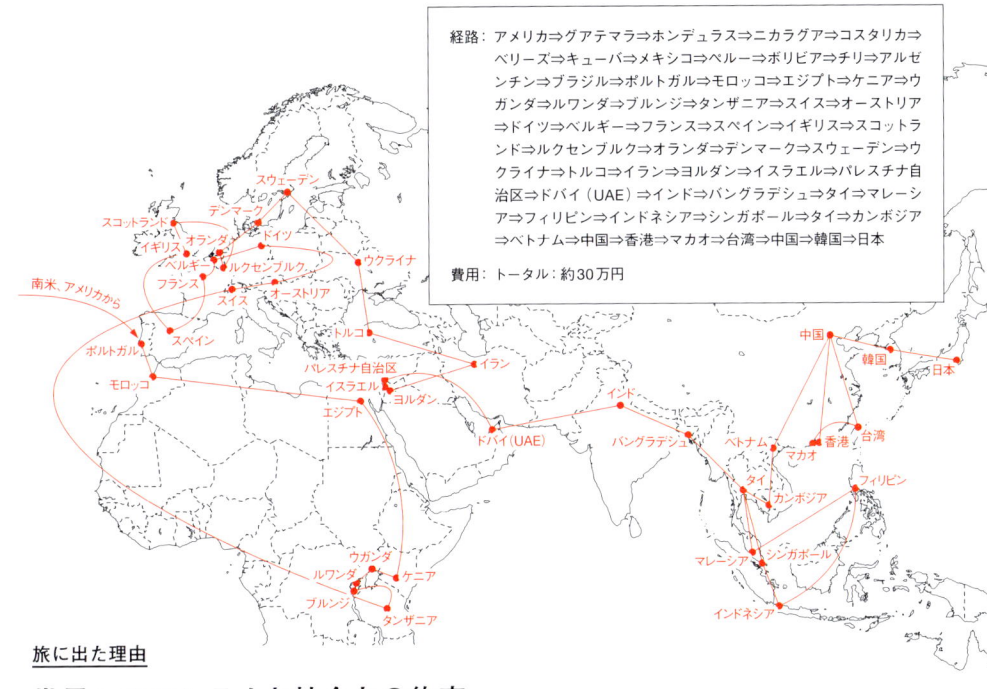

経路：アメリカ⇒グアテマラ⇒ホンジュラス⇒ニカラグア⇒コスタリカ⇒ベリーズ⇒キューバ⇒メキシコ⇒ペルー⇒ボリビア⇒チリ⇒アルゼンチン⇒ブラジル⇒ポルトガル⇒モロッコ⇒エジプト⇒ケニア⇒ウガンダ⇒ルワンダ⇒ブルンジ⇒タンザニア⇒スイス⇒オーストリア⇒ドイツ⇒ベルギー⇒フランス⇒スペイン⇒イギリス⇒スコットランド⇒ルクセンブルク⇒オランダ⇒デンマーク⇒スウェーデン⇒ウクライナ⇒トルコ⇒イラン⇒ヨルダン⇒イスラエル⇒パレスチナ自治区⇒ドバイ（UAE）⇒インド⇒バングラデシュ⇒タイ⇒マレーシア⇒フィリピン⇒インドネシア⇒シンガポール⇒タイ⇒カンボジア⇒ベトナム⇒中国⇒香港⇒マカオ⇒台湾⇒中国⇒韓国⇒日本

費用：トータル：約30万円

旅に出た理由

世界へのアンテナと社会との約束

　いまでこそ、「日本の若者のグローバル志向の底上げ」というミッションを掲げて活動していますが、実は大学生時代からグローバルに向けて活動していたわけじゃないんです。

　21歳くらいの時に、戦略コンサル出身の方が主催する、グローバル化に関する勉強会に行ってみたのですが、僕はまったく発言できませんでした。質問に答えることもできなかったんです。そもそも世界に対して、知りたいというアンテナすら立てていなかったことに気づきました。その時に初めて「30歳までに世界を舞台にして活躍できる人間になる」という目標を持ちました。そのころ、すでに「タダコピ」（160を越える大学に設置されている広告付き無料コピーサービス）を起業していたのですが、その事業展開についても、東京で成功して、大阪に行って、九州に行って、そこでようやく中国に行くのが「グローバル展開」だと思っていたんです。でも、本当にグローバルに発想できる人は、「このサービスは世界の何処の誰が必要としているのだろう？」と考えるのだと気づきました。

「世界で活躍する自分」という将来像と当時の自分のギャップを強烈に感じた僕は、そのとき初めて本当に海外に出ていこうと考えはじめました。実際に覚悟を決めて、「タダコピ」を辞めたのは、大学を卒業して1年間働いた後でした。世界の舞台で活躍するために何が最も有効なのか？　海外の大学でMBAをとる、BRICsなどの新興国などで働くなど、さまざまな選択肢を考えてみました。そのひとつに、「旅」がありました。旅を選んだのは、当時僕が求めていた「英語力」「世界中に友人をつくること」「世界各地のリアルを知ること」を、旅なら手に入れることができるのと思ったからです。

南米ボリビアにあるウユニ塩湖での一枚。題名は「神様気取り」。

　もう1つ、旅を選んだ理由がありました。それは、海外で活躍する日本人ビジネスマンと出会い、彼らの情報を発信することです。僕自身が自分の将来像として知りたかったことに加えて、その頃騒がれていた日本の若者の「内向き志向」という現象に対して、何か変化を起こしたいと思っていました。野茂やイチローがいるから野球少年はメジャーリーグを目指す。でも、ビジネスの世界でイチローのように活躍する日本人ビジネスマンの情報は、ほとんど入ってこない。世界で活躍するビジネスマンのロールモデルがなかったんです。だから、僕が発信しようと思いました。世界各地を旅しながら、日本人のビジネスマン（SAMURAI）の現地レポートを発信する、それが「SAMURAI BACKPACKER PROJECT」です。

　僕の旅は、いま述べてきた2つの要素によって生まれました。1つは、なりたい自分になるための修行として語学と世界のリアルを、旅を通して体験する。いわば、自分との約束。そしてもう1つの要素は、日本の若者の内向き志向を変えるための旅。つまり社会との約束です。

旅の準備
コミュニケーション戦略の手法

　旅をしようと決めてすぐに準備に取りかかりました。まず企画書をつくり周りのさまざまな人に見て

もらいました。そして1番力をかけたのが、メディア戦略でした。コンテンツが優れていても、発信力がなければ意味がない。コンテンツ力×発信力をこだわらなければいけないなと思い、届けたい人たちは誰かというターゲティングをして、彼らが読みそうなメディアと、記事のタイアップをしようと思いました。メインターゲットを35歳以下のキャリア志向の高い人々に決め、「アドタイ」、「ビジネスメディア誠」や「マイコミ」といった媒体とコラボすることになりました。スポンサーを気にせず自由に旅をしたかったので、協賛金などはほとんど募りませんでした。旅をプロジェクト化したり、旅にテーマを持たせたりする人は僕も含めて増えてきていますが、その情報発信のメディア戦略や戦術まで考えている人がほとんどいないのはもったいないですね。多くの人に伝えたいならば、どのように情報発信するか、しっかりと考えるべきだと思います。

　一連の準備を終えたら、旅に行く前に英語力をあげていきたいと思い、フィリピンへの語学留学に3ヶ月程行きました。そこでみっちりと英語を勉強して、世界一周をスタートしました。

旅での活動
現地を知るには人に会うこと

　旅の中では、人に会うことを1番優先していました。世界のリアルを知るのにも、またSAMURAI BACKPACKER PROJECTとして日本人に会うのにも、どうやって「現地の人と会うことができるか」が一番の鍵でした。meetupや カウチサーフィン、twitterやfacebookなどのサービスを通して、会い

ケニアの道端でトウモロコシを売る女性。このトウモロコシが想像以上に固かった。

たい人とのアポを取り、アポが多くとれればその都市に長くいる。取れなければ、短く滞在するというスタンスでした。ガイドブックなどは行った国の半分も使わず、情報は現地の人から聞いていました。宿泊はカウチサーフィンを利用して現地の人の家に滞在するのがメインだったので、宿泊先の人から情報を仕入れていました。

　人に会うこと以外に現地でしていたことは主に、地元のマーケット（市場）、金持ちが行くようなスーパー、家電量販店、おもちゃ屋さん、本屋さんなどに行って現地の物価や趣味趣向を見ることでした。同時に、日本企業がどれだけ進出しているのかを見ていました。それ以外には現地のビジネスイベントなどにも参加していました。ほぼ毎週、各メディアには記事をあげていたので、こういった日々の中で記事にできるネタを集めていました。文章や記事などのアウトプットに充てる時間は週の2日間程、他の5日間は観光や現地の人と会うインプットに使っていました。

　旅中に気をつけてやっていたことは常にネット環境を整えて、twitterで現地の情報をリアルタイムで発信できるようにしていました。だから、シムカードを手に入れることは、入国後に必ず真っ先にすることでした。

現地での滞在は150泊がカウチサーフィンで、友達の紹介など知り合いの家に滞在したのも含めると誰かの家に泊めていただいたのは200泊以上でした。その他はゲストハウスとかユースホステルに滞在し、ヨーロッパでは4ヶ月中で10泊しかホテルには泊まっていません。他はほとんどすべてカウチサーフィンを活用して滞在していました。滞在費が大きく浮いたので、その分を食費と交際費に充てていました。

現地での移動はほぼローカルバスを使用していました。ヨーロッパではrideshareという乗り合いサービスを利用していたこともあり、安く抑えることができました。航空券は世界一周航空券と、LCCでの航空券を合わせて使っていました。

旅での活動
旅の中で本を出版するという偉業

他の旅人と大きく違ったのは、旅の中で本を書いたことではないでしょうか。実はマチュピチュにいたときにメールで本の執筆依頼がきて、もともと本を出すのに興味を持っていたこともあり、フィリピン留学に関する本を書きました。アフリカ奥地の安宿に5日間くらい引きこもって書いていました（笑）。出版社とのやりとりはメールベースで、電話したのは2回だけ。プリンタを所持していなかったこともあり、結局1枚も紙を使わなかったですね。エコ執筆家と言えるのではないでしょうか（笑）。

インド（ムンバイ）で長くお世話になったインド人夫妻と。

そして出版が2011年の7月末で、僕がイギリスのロンドンにいたときでした。そのときはUstreamで日本とつないでイベントを行いました。今の時代、海外にいてもどこにいても、たいていのことはできると強く実感しました。

帰国後の活動
リストをつくって未来に送る

実は旅中に、「旅を終えてから何をするか」をテーマに、ビジネスやビジネス以外のアイデア問わず、思いつくたびに専用のメールアドレスに送っていました。100個くらいリストがたまりました。おかげで、帰ってからどうするかは比較的明確でした。これは非常におすすめです。

帰国後の最初の2ヶ月はあいさつまわりをしていました。まずは自分のプロジェクトのアウトプットをするために、本の出版をしたり、トークイベントをしました。次のステップは、海外で働く、もしくは

海外を視野に入れたビジネスに取り組むことです。海外で働くということに関してはさまざまなオファーをもらいました。ただ、その中でもやはり日本人のグローバル化を進めていきたい。そして、自分の本によってフィリピン留学に行く人が実際に増えたという現状もあったため、語学留学を最適化できるようにSchool Withというサービスを立ち上げました。世界中の人が留学をするときに使ってもらえる、そういうプラットフォームをつくるために奮闘中です。

世界を見て感じたこと
日本という国への愛国心

　世界を見てから、ものの見方が大きく変わった。今までは自分1人の1つの視点からしか見ることができなかったのだが、「この国のあの人ならどう考えているんだろうか」とか、「この情報はプロパガンダではないか」とか、「正義の反対は別の正義である」というように、「なんでこうなっているんだろうか」という情報を多角的に考えるようになりました。当事者意識を持ち、常に疑問を持つ力は養われたと思います。

　また、世界のスタンダード（標準）を知ることもできた。たとえば、世界のトイレ。たいてい紙はなくて、水は流れないだとか（笑）。そういった海外でのスタンダードを見たことで、より日本のことが好きになり愛国心が強くなりました。ほとんどの人に、ここまでチャンスが平等に与えられている国は限りなく少ない。バイトをひたすらがんばれば、1ヶ月で誰でも20万円を貯めることができる国なんてほとんどないですよ。でもこういう日本の安全で生活水準が高いものをつくってきたのは、僕たちの上の世代。彼らがつくった財産を、僕たちはただただ食いつぶしているんですよね。だから食べた分のお勘定を払おうということで、日本のために何かをしよう。そんな風に考えていて、だから今、僕が日本のためにできることを精いっぱいしていこうと思えました。

学生起業（タダコピ）⇒ 旅×SAMURAI（2年間）⇒ 出版／イベント ⇒ 起業

太田英基（Hideki Ota）
学生時代に「タダコピ」で知られる株式会社オーシャナイズを仲間たちと創業した後に、「日本の若者のグローバル志向の底上げ」というミッションを掲げて、世界一周をしながら世界中で活躍する日本人に出会う、SAMURAI BACKPACKER PROJECTを行った。旅前にフィリピンで英語留学をしたことがきっかけで、フィリピンで英語留学をすることへの情報発信（『フィリピン「超」格安英語留学』東洋経済新報社執筆）や旅行に関する情報発信もしていた。
現在は、School Withという留学関係のサービスに取り組んでいる。

スウェーデン
(Jarna)

デンマーク
(Svanholm)

ドイツ
(brodowin)

イタリア
(Torri superiore)

ネパール
(patori)

バンコク
(PUNPUN)

ケニア
(Badilisha)

08
———
旅×オーガニック

豊泉未知洋　豊泉千鶴

暮らしを、仕事をオーガニックに。
そんな生き方のヒントを見つけるための世界一周オーガニック修行旅。
オーガニックとは本来、農薬や化学肥料を使用しないことで
土や水を守ることができる農業の手法や、食べ物がまた土に還るような
循環型の考え方や自然と調和したライフスタイルのことだと彼らは言う。
サステイナブルな社会にシフトする可能性を探すために、
233日間、夫婦で世界のオーガニックの現状を見てきた。

http://www.world-organic.org/

旅のテーマ

- 世界のオーガニックビジネス・マーケットを学ぶ
  （オーガニックスーパー、ファーマーズマーケット、農園、レストラン、カフェ、企業への訪問）
- 自然と調和の取れたライフスタイルを学ぶ（エコビレッジでの滞在）
- 優れたオーガニック商材の発掘および興味を喚起する情報の発信
  （自身のHPでのブログ更新やオーガニック関連のウェブマガジンへの記事の寄稿）

経路：2011年：タイ⇒ネパール⇒スウェーデン⇒デンマーク⇒ドイツ⇒イギリス⇒フランス⇒ベルギー⇒オランダ⇒イタリア⇒フランス⇒スペイン⇒スイス⇒ケニア⇒アメリカ
2012年：アルゼンチン⇒ボリビア⇒ブラジル⇒キューバ⇒ペルー⇒アメリカ

費用：移動費：約200万円（世界一周チケットが70万円×2つ＋LCCで乗り継ぎ）／食費：約100万円／滞在費：約30万円（1/3くらいホテル、他は知人、カウチサーフィン、エコビレッジ）／その他：約20万円（予防接種など）／トータル：約350万円（2人分・費用はすべて働いていたときの貯蓄）

ハワイ
(Polestar／La'ake)

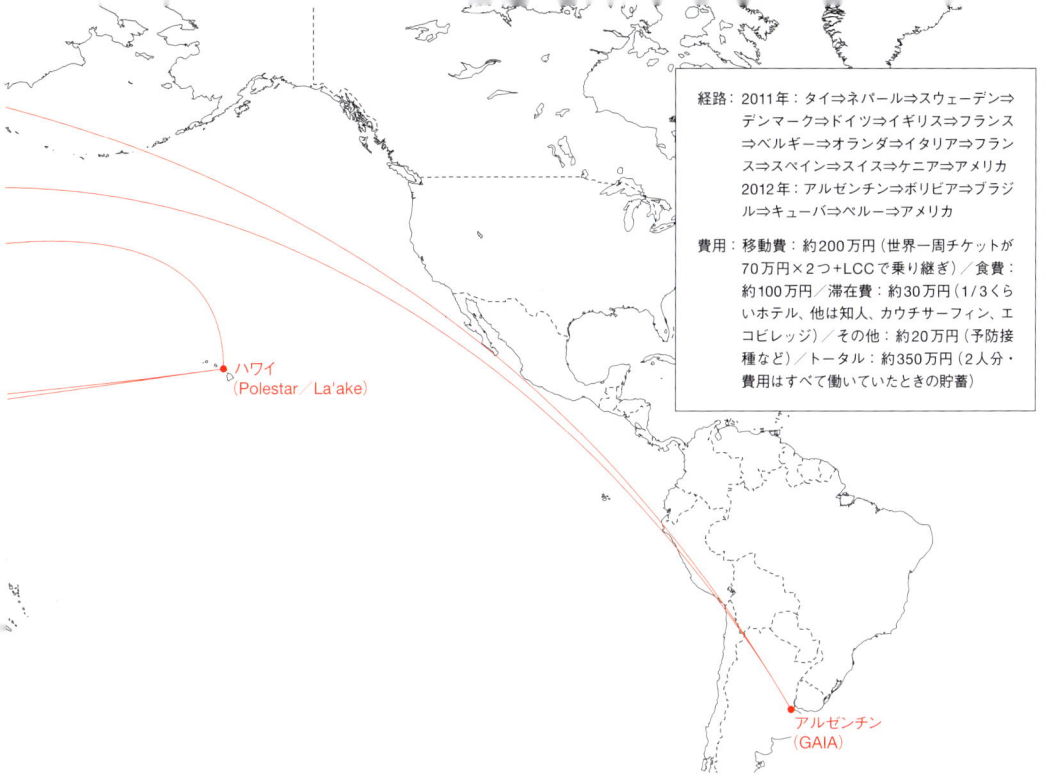

アルゼンチン
(GAIA)

旅に出た理由
現代の食問題への大きな疑問

未知洋　「いのちの食べ方」などの食にまつわるドキュメンタリー映画を観てから、現代のいびつな食事情に大きな違和感と疑問を抱きました。この疑問への答えを求めて本を読みあさっているうちに、自分の目で事実を確認したくなったのがきっかけです。その中で、オーガニックにはそんな食の問題を変えていける可能性があると感じ、実際にオーガニックな農業やビジネスに取り組む人に会い、話を聞いてみたいと思いました。

千鶴　大学を卒業してからは広告会社で働いていたのですが、学生の頃からゆくゆくは環境問題にまつわる仕事に就きたいと思っており、「食・オーガニック」をキーワードに転職を考えていました。ちょうど結婚の時期が重なり、今後夫婦で旅ができる機会は意外とないのではないか、今がチャンスかもしれないと思って、二人同時に仕事を辞めて、オーガニックをテーマに世界一周旅をすることに決めました。私たちは、旅を単なるレジャーではなく、大きな学びのあるものにしたかった。仕事を辞めて、お金をかけ、時間を使うということへの代償として、大きな学び、次のキャリアに活かせる旅をしたいと思い、それが、テーマのある旅への動機につながりました。

旅の準備　旅での活動
オーガニックというカウンタームーブメント

　そもそもオーガニックとは何か、そしてそれが持つ可能性が何なのかを探るために、農園やショップ、レストランや市場などオーガニックと名のつくものすべてを見てまわり、結果100ヶ所を超える施設を訪れました。訪問先は、旅をしながら「バルセロナ オーガニック カフェ」といった具合にインターネットで検索したり、現地の人に聞いて見つけることが多かったです。オーガニックな暮らしも体験したかったので、イタリアの「Torri superiore」、ハワイの「La'akea」、アルゼンチンの「GAIA」などのエコビレッジにも数多く滞在しました。自分の手で食べ物をつくり自然と調和して生活するという循環型のライフスタイルを経験することで、オーガニックとは何か、真の豊かさが何なのかを体得できたように思います。

　生産者と消費者が直接つながれるファーマーズマーケットを開催したり、大都市の真ん中に有機農園をつくったり、コミュニティで暮らしてエネルギーを自給したり。食だけにとらわれないオーガニックな考え・カルチャーが世界中に広がっていて、次世代のために一緒に豊かな自然環境を残していこうと、みな仲間意識を持って活動していました。カウチサーフィンを利用する際も「オーガニック」をキーワードにホストを探したので、みんな温かく迎えてくれ、インタビューに応じてくれました。現地の人しか知らないようなファーマーズマーケットに連れて行ってもらい一緒にオーガニック食材を購入して日本食を振る舞ったり、現地のオーガニックムーブメントを教えてもらったりと、「オーガニック」というテーマのおかげで、今後も長く続く出会いに恵まれました。

帰国後の活動
オーガニックビジネスの可能性

　帰国後は旅中から企画していた手づくりの結婚式を開きました。自分の大切な人たちにもオーガニックのことを知ってもらえたらと、200人のゲストを招待し、食べ物からドリンク、ドレスやギフトまですべてをオーガニックにこだわりました。企業の協賛も募っての大規模な結婚式となりました。話は少しそれますが、結婚してから旅をして本当によかったと思っています。夫婦としてしっかり互いに向き合い、問題が起きても妥協することなく対話を重ね、価値観や今後の人生について、しっかりすり合わせることができたのは大きな財産となりました。結婚式後は東京・大阪・名古屋を中心にイベントや大学の授業等で旅の講演会を開いたり、旅の中で出会ったオーガニック商材を日本で販売するために、オーガニック専門のウェブショップを立ち上げたりしています。その他にも、パーマカルチャーやオーガニックをキーワードに、循環する暮らしをデザインする会社を知人と設立することにしました。居住空間や商業施設の設計をコンサルティングし、自然と

上／イタリア北部の美しいエコビレッジにて。野菜やパスタ、ワインなど食卓に並べられるのはオーガニックな食材のみ。夕飯は大きなダイニングに住人全員が集合。　下／スウェーデンの田舎町にあるオーガニック専門ショップ。生活の一部として、オーガニックが存在している。

調和したライフスタイルを実現する商品などもデザインし販売していく予定です。世界中で見たオーガニックな暮らしのアイデアを、こうやって次の仕事に活かしていくことができてすごく楽しいです。

　個人的な活動としても、今後も夫婦でオーガニックなライフスタイルを広めていきたいと思っています。有機農家さんから直接野菜を買ったり、洋服もなるべくオーガニックコットンのものを選んだり、ものを買うことはそれをつくっている生産者を応援することにつながります。次は、オーガニックな子育てにも挑戦して情報を発信していきたいですね。自分たちで実際に畑で野菜をつくって、生ゴミも堆肥にして利用するなど、自分たちのライフスタイルも自然の大きな循環の一部に近づけていけるような、オーガニックな生き方を目指していきたいです。

世界を見て感じたこと
何も悪いことをしていない未来の子どもたちを、罰しているようなものだ

未知洋　「今を生きる世代は自分たちが楽をして生きるために、何も悪いことをしていない未来の子どもたちを罰しているようなものだ」。ネパールの山奥で言われた言葉がとても心に残っています。それ

は遠い未来の話ではなく、当の私たち自身の世代にさえ環境問題の積み重なったゆがみの代償が続々と生じてくるということを、旅をする中で感じました。自然は、もともと循環し豊かな生物相を描いていく力があるのに、人間の関わり方ひとつで、現代のような負のスパイラルにも陥ってしまう。でも、逆に考えると、人間の知恵で自然の力とサイクルを加速して、よりよくすることもできるはず。もしかしたらそれが自然の一部としての人間の役割なのかもしれません。今こそ自然の循環に合った生活に切り替えていかなくてはと思っています。昔に戻ろうというのではなく、現在のいい仕組みや技術は残しながらよい方向へアップデートしていく。その大きな可能性として、循環型のライフスタイル、オーガニックがあると思っています。

千鶴 モノの値段を問うこと、値段の裏側にある世界を想像することが習慣化されました。スーパーに並んでいる輸入の牛肉が、手の込んだ加工品がなぜこんなに安いのか、100円均一にはなぜこんなに豊富に品物がそろっているのか。旅のおかげで、その裏側に広がる世界をよりリアルに描けるようになったように思います。人件費の問題もありますが、とにかく未来の地球に莫大な借金をしながら、この消費社会は成り立っている。忙しくてイマジネーションが枯渇しがちな世の中ですが、みんながその背景を知り想像できるようになれば、社会がいい方向へシフトするように思います。

環境・食糧問題への興味 ⇒ 就職 ⇒ 結婚 ⇒ **旅×オーガニック** ⇒ 環境ビジネスでの起業

ネパールのカトマンズで旅行グッズを購入

オススメ!

　特に節約をしていたわけではないですが、宿泊は、大学時代の英語サークルの友人や知人の家、カウチサーフィンを使うなどで、費用はほとんどかかりませんでした。また、実は荷物を日本からはほとんど持っていきませんでした。国内旅行の日帰りくらいの手荷物1つくらいです。
　友達から聞いて、ネパールのカトマンズで質の良い旅行グッズが安く買えると知っていたので、そこで荷物の大半を購入しました。大幅に節約できたので、おすすめです。

豊泉未知洋（Michihiro Toyoizumi）／左
1985年埼玉生まれ。在学中は国内外の教育支援に携わるNGOで活動、アジア諸国を訪れる。その後会計システム会社に勤務する傍ら、食のドキュメンタリー映画をきっかけに、食糧生産のこれからに関心を持ち始める。

豊泉（杉本）千鶴（Chizuru Toyoizumi）／右
1985年富山生まれ。在学中から環境問題・食・オーガニックに興味を持ち始め、環境フリーマガジン「susteco」の立ち上げに参画、編集長に就任。その後広告会社に勤務し、制作ディレクターを務める。

2011年7月に入籍、9月から「オーガニック世界一周修行旅」（http://www.world-organic.org）へ。帰国後はオーガニック結婚式を開催、WEBショップ「オーガニック商店土コトコ」をオープン。2013年から山梨に移住し、株式会社ソイルデザイン（http://soildesign.jp）に参画。

09

旅 × サッカー

四方健太郎

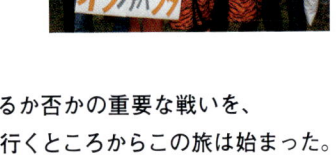

サッカー日本代表が2010年のワールドカップに出られるか否かの重要な戦いを、
中央アジアに位置するウズベキスタンという国に観戦に行くところからこの旅は始まった。
2010年6月から始まるFIFAワールドカップ南アフリカ大会に向けて、
出場32カ国をめぐる旅が、「世界一蹴の旅」だ。
四方健太郎氏と、村上アシシ氏とで、2009年7月から1年かけて、
ワールドカップに出場する32カ国を訪問しながら、
最終目的地である、開催地の南アフリカ共和国を目指して世界を旅した。

http://www.libero2010.net/

経路：ウズベキスタン⇒オーストラリア⇒南アフリカ⇒オーストラリア⇒韓国⇒モンゴル⇒中国⇒マレーシア⇒カンボジア⇒香港⇒マカオ⇒タイ⇒シンガポール⇒マレーシア⇒中国⇒北朝鮮⇒ドイツ⇒オランダ⇒スペイン⇒ハンガリー⇒ドイツ⇒フランス⇒アイルランド⇒スイス⇒イタリア⇒チュニジア⇒トルコ⇒イングランド⇒ガーナ⇒コートジボアール⇒南アフリカ⇒ケニア⇒カメルーン⇒オーストラリア⇒ニュージーランド⇒チリ⇒アルゼンチン⇒ブラジル⇒パラグアイ⇒アルゼンチン⇒ブラジル⇒カナダ⇒メキシコ⇒アメリカ⇒ホンジュラス⇒アメリカ⇒スペイン⇒ポルトガル⇒イングランド⇒セルビア⇒デンマーク⇒フランス⇒アルジェリア⇒南アフリカ

旅に出た理由
4年間の大きなマイルストーンであるワールドカップ

　あるトルコの宿に泊まったときに、旅の猛者たちが世界一周の話をしていました。シベリア鉄道の旅、アメリカ大陸横断の旅…。僕がまだ大学生で、バックパッカーとして旅行していたときでした。猛者たちの話を聞いて、漠然と「世界一周してみたい」という想いが生まれました。

　卒業後は、コンサルティング会社のアクセンチュアに入社が決まっていました。4月入社の予定でしたが、僕にはどうしてもやりたいことがあって、入社を8月にずらしてもらいました。外資系企業だからこそできたウラワザです（笑）。やりたいこととは、2002年サッカーの日韓ワールドカップを観戦することです。もともとサッカーが大好きだった僕は、大学1年生のときにフランス大会を現地で観戦し、ワールドカップ観戦の虜になってしまったのです。

入社をずらしてまで日韓大会を観戦した僕は、その次の2006年ドイツ大会ももちろん狙っていました。その年、僕の勤務地は中国の大連や上海でしたが、ちょうどプロジェクトの切れ目で休暇をとることができたので、友人の村上アシシさんと2人でドイツに向かいました。「LOVEワゴン」と名付けたキャンピングカーで観戦ツアーを敢行。カイザースラウテルンでの屈辱、ニュルンベルグでの死闘、ドルトムントでの最期。興奮と熱狂、喜びと悔しさ。それらの経験は何物にも代えがたい宝物になりました。

　その直後から、次の2010年の南アフリカ大会のことを考え始めました。そして、「観戦するだけでなく、何かおもしろい企画にできないだろうか」と思ったのです。村上さんとアイデアを出し合った結果、「世界一蹴の旅」というプロジェクトを立ち上げることにしました。「世界一蹴の旅」とは、南アフリカ大会に出場する32カ国を1年かけてすべてまわり、現地観戦やサッカー協会訪問、選手に突撃取材したりするプロジェクトです。

　もちろん、一番の動機は自分たちがワールドカップを極限まで楽しみたいということでしたが、もうひとつ、この旅プロジェクトをしようと思った理由がありました。それは、この旅をブログなどのメディアを通して発信することによって、日本人が世界に出るきっかけづくりと、個人がメディアとなれる時代の到来を、身をもって体感することができるのではないかと思ったからです。だから、旅に「ワールドカップ出場国をめぐる」というテーマを設けて、多くの人に興味を持ってもらえるようにしました。

パラグアイにあるサッカーの聖地で、ジャンプ。

旅の準備
ビジネス張りの「旅準備」

「世界一蹴の旅」プロジェクトをすると決めると、まず仕事を辞めました。旅の軍資金を貯めるために半年間フリーのコンサルタントとして仕事をしたのです。旅の準備も始めました。村上さんと2人で、企画書を制作。エクセルに訪問する国やまわり方、予算、宿泊、現地での活動、サッカーの試合観戦スケジュールなどすべてをまとめました。一通り計画と企画書ができ上がったら、ウェブメディアなどの媒体に提携を持ちかけたり、スポンサーへの営業に行ったりしました。

　航空券は、世界一周航空券とLCCを併せて購入。当時は円高で、ロンドン発の世界一周航空券が安かったので、まずは、日本からロンドンまでLCCで飛び、ロンドン発の世界一周航空券で世界をぐるりとまわりロンドンに戻る。そして、ロンドンから片道で南アフリカへ、そして南アフリカから東京に帰国する（これは意外に高く片道12万円ほど）というルートのチケットの手配をしました。

旅での活動
サッカーときどきボランティア

　旅行中は、サッカー以外にも各国でいろいろなことをしていました。世界のマクドナルドの事情を調査したり、現地のビジネスマンに会ったり、JICAボランティアに参加したり。サッカーについても、試合観戦や日本代表の試合の応援だけでなく、現地のサッカー協会を訪問したり、現地の子どもたちとサッカーをしたりしていました。それらをブログの記事に書いては発信していました。

四方健太郎「世界一蹴」への道

- 大学生：ワールドカップ（1998年フランス大会）を現地で観戦＆海外放浪
- 卒業後、入社までの期間に2002年日韓W杯を観戦
- アクセンチュアに入社（主に通信・ハイテク産業の業務改革・ITシステム構築）
- 海外勤務の直前に2006年W杯ドイツ大会を観戦
- アクセンチュア海外勤務（中国の上海・大連など）
- 独立して6ヶ月間フリーランス（世界一蹴の旅への準備と軍資金集め）
- 世界一蹴の旅（1年かけて2010年W杯に参加する32カ国を訪問）
- 書籍出版・開国ジャパンプロジェクト主宰・株式会社JIN-G執行役員

僕たちの旅ならではの、楽しくておもしろいボランティアをしたいと思い、「世界一蹴Tシャツ」を旅行中につくって日本でネット販売したこともありました。Tシャツは全部で150枚くらい売れたので、その売上で新品のサッカーボールを買い、それを南米やアフリカなどのボールの買えない子どもたちにプレゼントしました。その他、リオのカーニバル、ビーチで真夏のクリスマスなど、旅の醍醐味である世界各国のイベントや名物、独自の文化も思いっきり堪能してきました（旅の詳細については、『世界一蹴の旅 サッカーワールドカップ出場32カ国周遊記』（双葉社）をお読みいただけるとうれしいです）。

帰国後の活動
旅がキャリアになるのかって

　会社を辞めて1年間も海外をまわる覚悟がよくできたね、と言われます。でも、そもそも旅が次につながるかつながらないかは自分次第。たとえばコンサルの世界では、1年間フリーで何かをやっていたということは、履歴書の穴にはなりません。それをしっかりと伝えられるのであれば、1年だろうが、2年だろうが、穴にはならずむしろ自分の強みとして伝えられる経験になります。
　旅をしても、その経験を次に活かせない。できないかもしれないから怖い。そう思うのであれば、やらない方がいいでしょう。でも、一般的な放浪と比べると、テーマのある旅なら次のキャリアにつなげやすくなると思います。

世界を見て感じたこと
10年先の当たり前の世界にいく

　旅を終えて、「世界って本当に小さい」という感覚をものすごく強く感じました。世界一周をすることで、左に出発したのに右から帰ってくるといったように、地球をぐるっとまわってきたという感覚が右脳の中に刻まれた気がします。感覚的に「地球って丸い」ということを実感できたことが一番大きい経験ですね。
　そして旅を終えてからますます日本が愛おしくなり、今はグローバルに通用する日本人を輩出できるような人材育成の仕事をしています。これから当たり前になるグローバル化に向けて準備をしていく。特にアジアはもっともっと小さくなり、当たり前のように僕たちの庭となる。今、世界中の至るところに友達がいて、彼らと常につながっている。この旅を通して僕は10年先の当たり前を体感できたと思っています。

幕末から明治維新へ
変革できる脱藩者たち

　とある本で読んだのですが、日本には70年ごとにパラダイムシフトが起きているそうです。幕末から明治へと変わる明治維新、そして太平洋戦争後から高度経済成長期の感覚のシフト。感覚のシフトとは、価値観がある時期を境に急激に変わり、それ以前の価値観には戻れないほどの大きな衝撃のことです。

　たとえば、江戸時代、薩摩から江戸に行くために通行手形が必要だった。今のパスポートのようなものです。そして違う藩に行けば脱藩と言われた。そうした体制の中でも、坂本龍馬など日本中を自由にまわっていた人間が、外からの視点を身につけて日本を変えていった。今、日中や日韓で問題が顕在化してきています。でも、今後アジアが1つの大きな塊のようになるパラダイムシフトが起きたときには、「アジア人同士なのにけんかして、ダサイ」みたいな感覚になると思うんですよね（笑）。

　たとえば、シンガポールに行くということが、いまの東京から神奈川に行くのと同じような感覚になっていきます。日本のことしかわからないというのは、昔で言うと、薩摩のことしかわからないという感覚と同じ。もちろん、「英語がしゃべれないなんて信じられない」と言われる世界になってきます。

　幕末に藩が統一されて今の「日本」になったように、約10年後の2022年頃に、アジアが1つの大きな塊になると感じています。その大きな流れを感じたからこそ、日本に帰国してから「開国ジャパン」というプロジェクトを手がけました。世界で働く志を持った人たちの想いやロールモデルを発信したい。世界でも戦えるという気づきを多くの人に伝えたい。そして日本から多くのグローバル人材を輩出したい。そして、世界のたくさんの人材たちと当たり前のように一緒になって働き、生活していく。そこでは多様な価値観、背景を持つ人たちが融合し合い、付加価値を生み出し、平和で豊かな、そして楽しい世界が広がっているはずです。それがこれからの時代のビジョンであり、僕が体感してきた、そして想像しているこれからの世界のあり方です。

　グローバル化社会。僕たちは否応なしに、世界に目を向けなければならない。旅をして世界を見よう。10年後の当たり前に一足先に行きましょう。

四方健太郎（Kentaro Yomo）
立教大学経済学部卒。アクセンチュア株式会社の東京事務所にて、主に通信・ハイテク産業の業務改革・ITシステム構築に従事。2006年より中国（大連・上海）に業務拠点を移し、大中華圏の日系企業に対するコンサルティング業務にあたる。2009年に独立。FIFA W杯出場32カ国をめぐる「世界一蹴の旅」に出る。同名の書籍（双葉社）や、ビジネスとサッカー日本代表から日本人論を語る『世界はジャパンをどう見たか?』（経済界）を上梓。開国ジャパンプロジェクト主宰。
Twitter：@yomoken2002

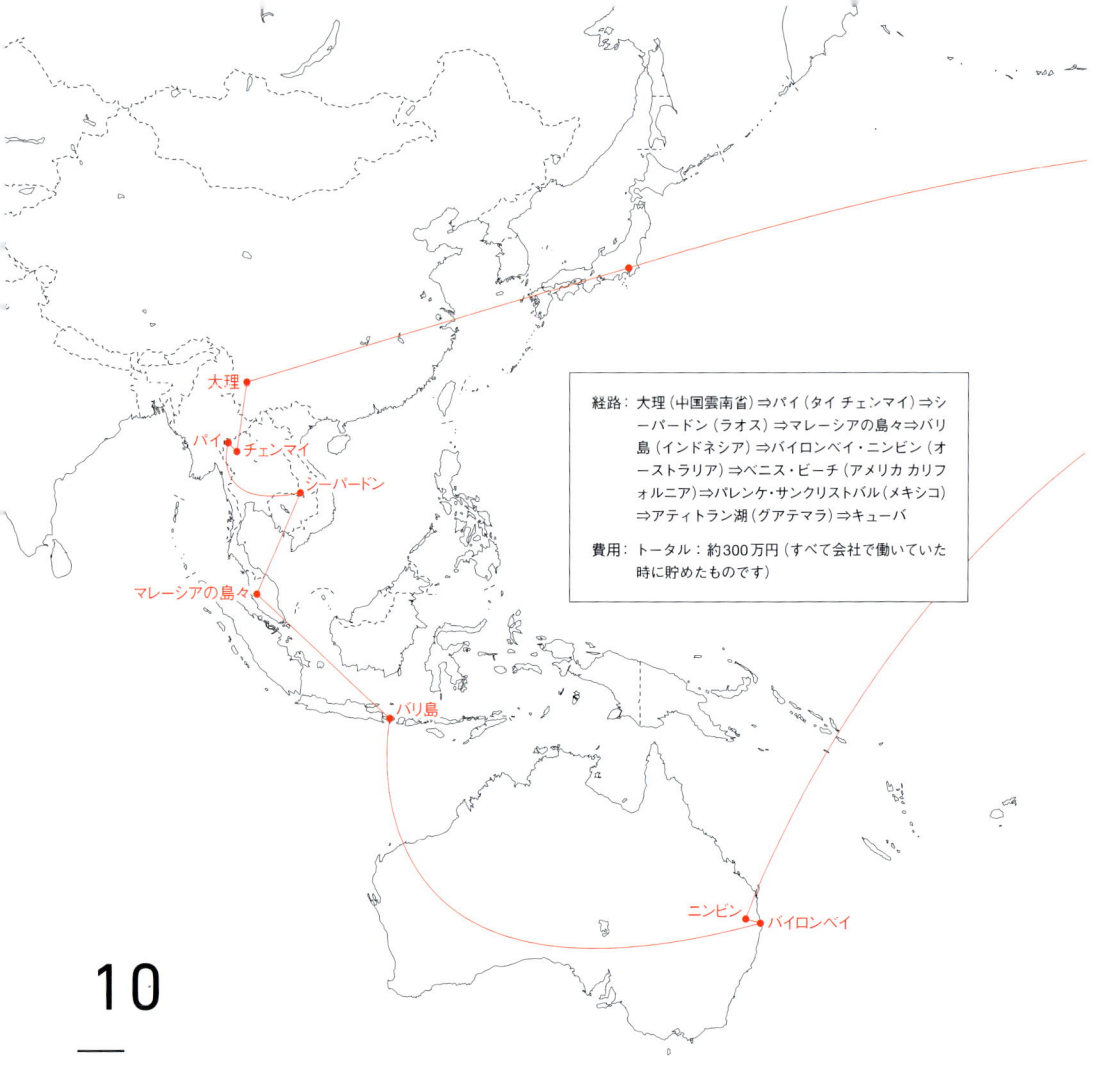

経路：大理（中国雲南省）⇒パイ（タイ チェンマイ）⇒シーパードン（ラオス）⇒マレーシアの島々⇒バリ島（インドネシア）⇒バイロンベイ・ニンビン（オーストラリア）⇒ベニス・ビーチ（アメリカ カリフォルニア）⇒パレンケ・サンクリストバル（メキシコ）⇒アティトラン湖（グアテマラ）⇒キューバ

費用：トータル：約300万円（すべて会社で働いていた時に貯めたものです）

10

旅×ヒッピーコミュニティ

久志尚太郎

「ヒッピーコミュニティをめぐる旅」をテーマに2年間で世界25カ国をめぐる。
資本主義とは違う新しい社会の仕組みづくりを知るために、
世界中の奥地やヒッピーコミュニティで実際に生活に触れながら、
オルタナティブな生き方、新しいライフスタイルを体感する旅をする。

旅に出た理由
何であれ、カタチあるものは全て壊れてしまう。

　9.11を目撃して世界が一変する。何であれ、カタチあるものはすべて壊れてしまうという資本主義の終わりのような衝撃に襲われ大学を中退しました。中退後はアメリカを放浪しながら独学でITを学んで自分でビジネスを起こしていたのですが、実際のリアルなビジネスの世界でどこまで勝負できるのかを試したかったので、19歳でコンピューターメーカー、デル株式会社に入社しました。そこで必死に働き、トップセールスになることができました。かなりお金は稼げましたし、ある程度ビジネスの世界が見えたので、ビジネスの世界で戦えると思いました。

　しかし、いくらビジネスの世界で戦えるようになっても、9.11テロで感じた、資本主義に代わる新しい時代の始まりを感じることはできませんでした。

　当時、BRICsが経済を席巻すると言われていました。だったら新しい社会形態がそこにはあるのではないかと思って、僕は世界放浪を決意します。日本をまわった後に、まずは中国を半年見てまわりました。友達の家を転々としながら、急成長する経済をひたすら見てまわりました。その中で感じたのは、中国がこれからやろうとしていることは日本がすでに体験している。新しい発見はないのではないかということです。いま、日本や先進国がぶつかっている経済発展の壁を乗り越えるクリエイティブなアイデアがなかったんです。次の生き方へのヒントがそこにはなかった。僕には感じられませんでした。

　次の生き方のヒントになるような旅をしたい。既存の社会形態から脱却し新しい枠組みを生み出すには、新しいライフスタイルを見いださなければならないと思いました。そこで自分なりに考えた結果、ヒッピーやカウンターカルチャー、オルタナティブに触れたいと思い、2年間かけてヒッピーコミュニティをまわる旅に出ます。

旅での活動
世界放浪×ヒッピーコミュニティ

　世界各地のヒッピーがつくっているコミュニティを見てまわりました。タイ北部にあるチェンマイやパイ、ラオスのシーパードン、マレーシアの島々や、インドネシアのバリ島。オーストラリアのバイロンベイやニンビン。アメリカ・カリフォルニアのベニス・ビーチや、メキシコの山奥のコミュニティやマヤ遺跡があるジャングルの中のコミュニティ、グァテマラの世界一美しいと言われる湖の周りの数々のコミュニティ、そしてキューバ。他にも数えきれないほどまわりました。2年間で費用は300万円程度で、すべて会社で働いていたときに貯めたものです。

　コミュニティで一緒に生活をしていく中で、家を自分でつくるDIYの精神、食料や政治や概念の自給、エンターテインメントまで自分たちでつくる姿勢を学びました。多くのコミュニティで共通していたのは、自分たちの暮らしや社会の仕組みを自分たちでつくっていたこと。社会や暮らし、未来は与えられるもの、用意されているものだという価値観を持っていた僕はぶっ飛びました。と同時に、僕も自分で自分の暮らしや社会、未来はつくれるんだと思いました。

左／宮崎県串間市市木、真夏の稲刈り。
右／江戸時代から続く製法をそのままに。
幸島の釜炊き塩。

帰国後の活動
世界がつながって、世界のどこででも勝負できる

　2年間のヒッピーコミュニティをめぐる旅を終えて、僕は日本に戻りました。2年間の放浪の旅が評価され、ありがたいことに退職前よりもよい給料でデル株式会社に復職することができました。東京で1クオーター終えた後、宮崎のカスタマーサービスセンターへ転勤しました。自然の中で新しい暮らしを模索したかった僕のライフスタイルを理解してくれていた元上司が、呼んでくれたのです。そこでの環境は、上司はオーストラリア人でシンガポールのヘッドオフィスにいました。他のマネジャーたちはインド人や中国人、そしてマレーシア人に香港人。宮崎にいながらも、ボーダレスで多様性のある環境でアジアの中でのビジネスを経験できたのは貴重でした。これからはどこにいるかはあまり関係ない。どこにいても世界につながっていて、実力とスキルさえあれば世界の中でも十分に勝負ができる。この年、僕はアジアのサービスセールス部門でトップの達成率を残すことができました。
　そのかたわら、平日の夜や休日に時間をつくり、少しずつ旅行中に見つけた新しい暮らしを実践していきました。作物自給や遊びの自給、自然の中でサーフィンや登山や焚き火など、都会ではできない

暮らしの豊かさをビジネスとは全く違う文脈で高めながら、新しい暮らし方を模索する場所を探し始めました。その中で、宮崎の陸の孤島のような場所、串間に出会いました。一目惚れのような形で新しいライフスタイルをここで実践することに決めました。デルを辞め、今まで培ってきたビジネススキルを活かして串間を変革しようと考えました。NPO法人のRainbow Treeを立ち上げて、いま、塩の製造販売、休耕田の活用、農家支援事業、行政・教育機関へのコンサル、ツアー、カフェの運営をしています。

世界を見て感じたこと
世界における多様性という価値

　ヒッピーコミュニティをまわる世界放浪で、多様性のないコミュニティが衰退していく様子を見たことは大きな衝撃でした。多様性の大切さを身にしみて感じました。まったく違う価値観、考え、生き方に触れて、マイノリティーを意識できるようになりました。相手の立場で考えることができるようになったんです。だから、デルに戻って最年少の25歳で、法人営業部最年少ビジネスマネジャーの職につき、上司やマネジャーが外国人という多様性のある環境でもビジネスを推進することができました。そして世界のオルタナティブなコミュニティを見てまわったことで、価値観も、人によってまったく違うということを実感しました。お金を稼いで消費するのがよいとする資本主義的な価値観もあれば、家族との時間を何よりも優先する価値観もある。森の中でゆっくりと暮らすことが最もよいとする価値観もある。これが絶対的な価値だという、社会的な概念の価値は存在しない。それぞれが自分だけの価値を見出していいんだ、ということが理解でき、それが自分にとって何かがわかりました。これも世界をまわった旅があったからこそ、多様な視点や視座で物事をとらえることができるようになったからこそです。

　旅の中で、また旅を終えてからも僕がいつも気をつけていることは、常に問うこと。同じ風景でも、違う人が違う角度から見たらまったく違った風景に見える。それと同じで、世界の常識が日本の非常識、世界の非常識が日本の常識だったりするんですよ。だからこそ、自分の中に多様性を許す土台をつくり上げることが、これからの未来を生き抜くカギであり、新しい未来をつくるヒントなんです。

大学中退 ⇒ 放浪 ⇒ 外資入社 ⇒ **旅×ヒッピーコミュニティ** ⇒ 復職 ⇒ 地方でNPO法人立ち上げ

久志尚太郎（Shotaro Kushi）

16歳でアメリカの高校を卒業し大学に進学するも、9.11テロを経験し時代の節目を感じドロップアウト。アメリカ放浪後に日本へ帰国。帰国後は独学でITを学び、外資系証券会社や米軍基地などのITプロジェクトに携わり、19歳でデル株式会社法人営業部に入社。21歳で同社を退職、「世界放浪ヒッピーコミュニティを周る旅」をテーマに2年間で世界25カ国をめぐる。世界中のコミュニティで実際に生活に触れながら、オルタナティブな生き方、新しいライフスタイルを体感する。帰国後は、デルに復職し、25歳でデル株式会社法人営業部最年少ビジネスマネジャーに就任。26歳で同社を退職し、NPO法人Rainbow Treeを宮崎県串間市で起業。現在は、人口1000人高齢化率50％の土地で塩の製造販売、休耕田の活用、農家支援事業、行政・教育機関へのコンサル、ツアー、カフェの運営をしている。http://skushi.net

ボリビア、ウユニ塩湖にて。日本の国旗を掲げてきました。

11

旅 × 世界の中の日本

長谷川浩史　長谷川梨紗

「日本を世界へ」「世界を日本へ」を発信する、夫婦の世界一周プロジェクト。
それが「COOL JAPAN & BOOM JAPAN」だ。
夫である浩史さんが、海外で受け入れられている日本のものや食、
ポップカルチャーなど誇るべき日本文化を紹介する「COOL JAPAN」、
妻の梨紗さんが、日本に取り入れられそうな世界のものや食、ライフスタイルなど
学ぶべき海外の文化を紹介する「BOOM JAPAN」を担当。
世界に紹介したい日本の文化と、日本に紹介したい海外の文化を、
探求しながら発信する世界一周を1年間かけて行った。

http://cool-boom.jp/

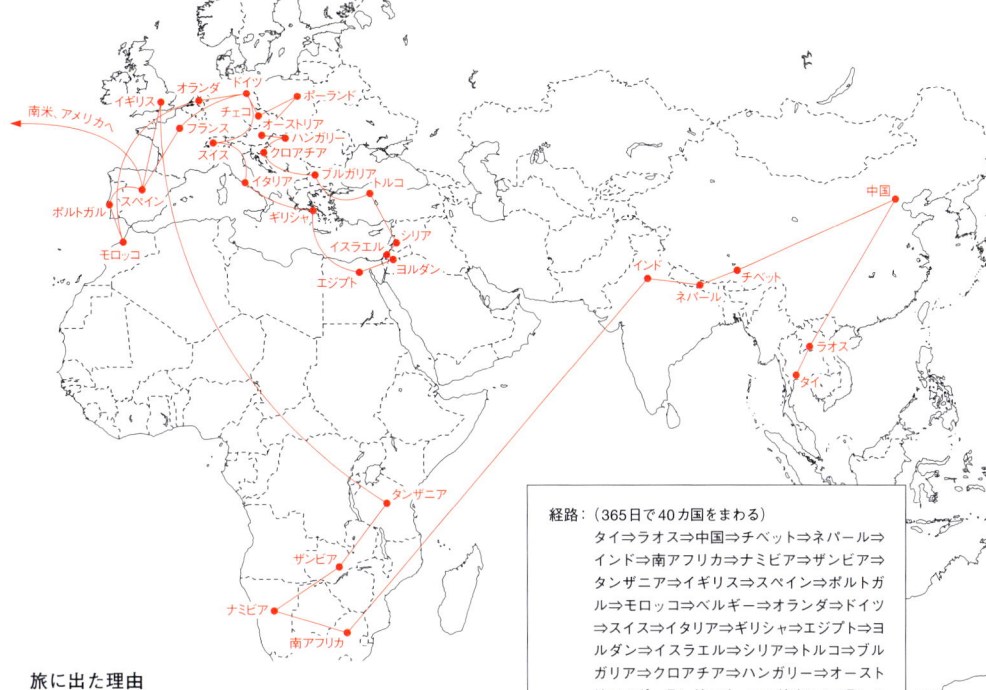

[地図上の国名ラベル：]
南米、アメリカへ / イギリス / オランダ / ドイツ / ポーランド / フランス / チェコ / オーストリア / ハンガリー / スイス / クロアチア / イタリア / ブルガリア / トルコ / ポルトガル / スペイン / ギリシャ / モロッコ / イスラエル / シリア / エジプト / ヨルダン / 中国 / インド / チベット / ネパール / ラオス / タイ / タンザニア / ザンビア / ナミビア / 南アフリカ

経路：（365日で40カ国をまわる）
タイ⇒ラオス⇒中国⇒チベット⇒ネパール⇒インド⇒南アフリカ⇒ナミビア⇒ザンビア⇒タンザニア⇒イギリス⇒スペイン⇒ポルトガル⇒モロッコ⇒ベルギー⇒オランダ⇒ドイツ⇒スイス⇒イタリア⇒ギリシャ⇒エジプト⇒ヨルダン⇒イスラエル⇒シリア⇒トルコ⇒ブルガリア⇒クロアチア⇒ハンガリー⇒オーストリア⇒ポーランド⇒チェコ⇒ドイツ⇒フランス⇒スペイン⇒アルゼンチン⇒チリ⇒ボリビア⇒ペルー⇒ブラジル⇒キューバ⇒ジャマイカ⇒メキシコ⇒アメリカ

費用：移動費：121万円／食費：約35万円／滞在費：約34万円／その他：105万円／トータル：295万円（働いてためたお金＋協賛（旅の支援団体「BADO!」経由でデジカメプリントの「dpMAX」様より30万円））　※費用は1人あたりのもの

旅に出た理由
冷静と情熱のあいだに。

梨紗　夫婦ともに高校時代、アメリカに留学していた経験がありました。そこで感じた教育の質の違い。日本で一般的な暗記型のスタイルから、ディスカッションを通して考える思考型のスタイルに衝撃を受けたことがきっかけで、海外に興味を持ち始めます。大学に入ってからはお互い、休みのたびに、南米やシベリアなど20カ国以上を旅してまわりました。卒業後は、幅広い業界・職種に携わることができ、若い頃から仕事を任せてもらえるリクルートに、それぞれ入社しました。

ナミビア、ヒンバ族の村にホームステイさせてもらい、少数民族の生活を体験。

浩史　当時、大手企業の不祥事が目立ち、企業の枠やしがらみに入ってしまうのが怖かった。だから早く一人前になって起業、もしくはMBA留学するという選択肢を僕は考えていました。

結婚後、2人で将来について話をしている中で、漠然と留学を考えていた僕に対し、「留学して何を勉強したいの？」と妻に聞かれました。ふいをつかれ黙っていると、すかさず妻が「だったら世界一周しちゃう？」と提案。その瞬間、腹は決まりました。

上／インドのガンジス河のほとりにてCOOL JAPANグッズの行商。爪切りを買ってくれたおじいさんと。下／ペルー・クスコの靴職人さんと。BOOM JAPANのオーダーメイド靴を買い付けました。

世界一周旅行をする。それも大学のときのように「放浪」するのではなく、次のキャリアにつながるような旅をする。留学と同じか、むしろそれ以上に経験を積めて価値のある旅をしよう。今の時代なら個人で仕事をつくることもできるし、どうとでもなるはず。そんな楽観的な考えで、2人そろって会社を辞めました。

仕事を辞めるからには、楽しみながらも、次のキャリアにつながる旅にしたい。テーマを持って旅をして、それをHPやSNSで発信しながら旅をする。次のキャリアにつながるテーマを考えた結果、「COOL JAPAN & BOOM JAPAN」が生まれました。当時、日本が謳っていたクールジャパンを、実際にこの目で確かめたい。そして同時に、世界で流行っていて日本にまだ入ってきていないようなものやライフスタイルは、何なのだろうか。僕が、世界で受け入れられている日本の文化を発信する「COOL JAPAN」、妻の梨紗が、日本で受け入れられそうな海外の文化を発信する「BOOM JAPAN」を担当することになりました。男と女で、内から発信する「COOL JAPAN」と外から発信する「BOOM JAPAN」。この組み合わせもおもしろいと思い、ブログも"男の視点"と"女の視点"から、それぞれ書くことにしました。

旅での活動
日本を世界へ輸出する／世界を日本へ輸入する

タイやインドなどでは、日本のいいもの、日本らしいものを行商してまわりました。商品はすべて100円ショップで購入したものでしたが（笑）。それを風呂敷の上に広げて、甚平と浴衣を着て路上で販売。タイのチェンマイでは、漢字で名前を書くサービスをしたこともあって大繁盛。たくさん売ることができました。一方、インドのバラナシでは人はたくさん集まったのですが、ほとんど売れず…。インドとはそもそも物価が異なるので難しかったですね。ドイツでは、カフェを貸し切って日本のクリエイターの作品を集めて展示販売イベントを開催しました。そして各地域で必ずしていたのが、無印良品（MUJI）やユニクロなどに立ち寄って、売れているものを勝手に調査していたこと。このように、実際に現地で日本のどんなプロダクト／コンテンツが売れるのかを調査し、発信していました。

また、現地の内情やライフスタイル、その地に根付いたプロダクトや食を知るために、できるだけ現地人やその地に暮らす日本人と触れ合う時間を持つようにしました。そこから感じた、日本に取り入れたい素晴らしいものをブログや動画で紹介していました。

自身のHP以外にも、リクルートのweb R 25で、50回にわたり連載。帰国後には、毎日新聞発行の電子マガジン『photoJ』でも旅の様子をつづりました。

学生時代に旅をしていたときと今回の旅を比べて、大きく違うのはその質だと感じています。学生時代のいわゆる放浪の旅は、各地の美しい景色を写真におさめるだけのものでした。

しかし今回は、「日本のよいものを世界に、世界のよいものを日本に」という自分たちの興味のあるテーマがあり、そして多くの人にそれを発信することによって、その国の文化や宗教、歴史をより一層深

く知ることができました。事前に調べたこと、また事後にまとめたことによって旅の奥行きが増して、より価値のあるものとなりました。

帰国後の活動
MUJIキャラバンで、日本を行脚する

この旅で、世界で受け入れられている日本の文化やものを知ることができました。そして、帰国する前から、自然と次は日本各地にある独自のよいものを探したいと考えていました。

海外、特にヨーロッパでは無印良品がとても人気です。無印良品の製品はかゆいところに手が届く商品が多いですよね。ポーチ1つをとっても、細部にこだわっていて、機能性も抜群。それが海外の人たちから愛されていることに驚きました。

「COOL JAPAN & BOOM JAPAN」で記事を発信していたことで、日本に帰国後すぐに先輩から連絡をいただいて、無印良品（株式会社良品計画）をご紹介してもらいました。そこで、世界一周をしていたときのように、今度は日本国内のよいものを探しながら発信することを提案。そうして、日本の古くからあるものの良さや、各地域の歴史や風土に根ざした、食やくらしを見てまわって発信する、「MUJIキャラバン〜日本全国の良いくらしを探す旅」が始まりました。

各都道府県に約1週間ずつ滞在し、民家・民宿に泊まらせてもらう「民泊」などをして、できるだけその地の生活を肌で体験しながらめぐりました。

世界を見て感じたこと
世界を見て、日本を見る

無印良品をはじめ、日本の製品は世界各地で流通しています。それを利用する海外の人は、その商品やサービスを通じて、日本人のきめ細かい心遣いや美意識を感じています。

たとえば、切った爪が飛ばないようにカバーのついた爪切りだったり、雨の日に買い物した荷物が濡れないように紙袋にカバーをかけるサービスだったり。

日本人にとっては当たり前のことでも、外から見てみると大きな違いがありました。日本には、世界とはまったく違うライフスタイルがある。四季があり、多様な色であふれています。青色1つをとっても、「藍色」や「群青色」など、ここまでたくさんの種類のある国は珍しい。醤油やお酒も地方によって千差万別で、各地の気候・風土に根付いた微妙な違いがそこにはありました。

また、日本人は無意識のうちに、先人たちが築いてきたものを次の世代に受け継いでいこうとする習性があります。世界中で200年以上続いている会社のうち、約4割を日本企業が占めるとも言われています。

それぞれ1年かけてめぐった世界と日本の旅を終えて、改めて日本の素晴らしさに気づかされました。

左／日本中を駆けめぐったキャラバンカー。総走行距離は2万9203km。　右／MUJIキャラバンの取材でお会いした方々は合計約650人。日本全国の人と知り合うことができました。

だからこそ、私たちは日本のよいものやコンテンツ等を世界に知らせることを続けていきたいと思っています。それが「COOL JAPAN」。

　また、世界中にも素晴らしいアイデアやものがあります。たとえばヨーロッパの先進的な教育や、エコロジーを考えた循環型の生活などは日本が真似できるもの。そういった世界各地の素晴らしいものやライフスタイルを引き続き、日本に発信していきたいと思っています。これが「BOOM JAPAN」です。

「百聞は一見に如かず、百見は一考に如かず、百考は一行に如かず」という言葉があります。すべて自分次第で生きていけるほど、世界は整ってきました。個人で何でもできる時代です。常に選択と行動がともなう、「旅」のある人生にしていきましょう。

高校で留学 ⇒ 大学のときに放浪 ⇒ 就職 ⇒ **旅×世界の中の日本** ⇒ MUJIキャラバン

長谷川浩史（Koji Hasegawa）／右
1979年横浜生まれ。慶應義塾大学・経済学部卒。㈱リクルートにて、高等教育機関の募集戦略支援、フリーマガジンR25の広告企画、事業開発室での新媒体の創刊に携わった後、退社。

長谷川梨紗（Risa Hasegawa）／左
1981年川崎生まれ。慶應義塾大学・環境情報学部卒。㈱リクルートHRマーケティングにて、採用領域のソリューション営業や営業企画を担当した後に、退社。

夫婦で『日本を世界へ＝COOL JAPAN』『世界を日本へ＝BOOM JAPAN』をテーマに、2010年の4月から1年間世界一周の旅を完遂。2011年10月、iPhone向けアプリ『死ぬまでに一度は行きたい！世界一周ビジュアルガイド』を上梓。2012年4月より、無印良品との企画『MUJIキャラバン～日本全国の良いくらしを探す旅』で日本一周へ。web R25、毎日新聞、雑誌『ソトコト』でも連載。
サイト：http://cool-boom.jp　MUJIキャラバン：http://www.muji.net/lab/blog/caravan

その他の旅プロジェクト紹介

あなたの旅のモデルは見つかっただろうか？ イケメン、ギャル、動画など、他にもさまざまなテーマで旅をしている人々がいる。テーマの裏には、それぞれの志や体験がある。サイトなどをチェックして、ぜひ参考にしてほしい。

旅×世界のイケメン
窪 咲子

元イケメン雑誌編集部の窪咲子さんによる、1年8ヶ月におよぶ世界イケメン探しの旅。「地球の歩き方」のHPに「世界イケメンハンター」を連載、Facebookアプリも制作した。「見ているだけで癒される」という女子多数。

旅×世界の医療・福祉施設
堀米顕久

子どもキャンプなどのボランティア活動を続けるうち、外で遊べない病気の子どもたちへの関心が高まる。大手銀行員から医大生に。そして、大学を休学して病気の子ども向けのキャンプ施設や、医療施設、福祉施設をめぐりながら世界一周する。

旅×スライドショー
林季一郎　平岩 隆

世界の道を一本のスライドショーでつなげる旅。毎日、車内から同じアングルで前方の写真を撮り、それを高速スライドショーにして、世界を一本の道で結ぶ。クラウドファンディングcampfireで、多くの協賛集めに成功。

旅×外国人ギャル
後藤佳世

ギャル服ショップの店長をした後、外国人ギャルに会いたいという思いから、世界のギャルにインタビューしながら世界一周。ファストファッションやコスメの日本未上陸ブランドのビジネス可能性も追求しながらまわる。

旅×Movie
鈴木陵生

映像作家とヨガインストラクターの夫婦が、2人で仕事を辞め、世界一周の旅に出る。「旅する鈴木」というサイトで日々の動画を発信しながら世界をまわる。ムービーのクオリティが非常に高く、思わず見入ってしまう。

旅×世界の美女
赤津 慧

世界中の美女の写真を撮りながら、それをウェブ上にて発信する旅が「美女世界地図」プロジェクト。楽しく世界について知ってもらうことを目的に、美女を世界地図上にマッピングしている点がおもしろい。

3章

旅プロジェクトの制作方法と旅への「武装」

「旅プロジェクト」と聞くと大変そうに思うかもしれないが、
「テーマのある旅」をしっかりと実行するまでの
計画を立てよう、ということだ。
「テーマ」についても、難しく考える必要はない。
たとえば、次のような旅。

・1週間の弾丸スケジュールで、イタリアで食を追求して発信する旅
・イギリスで書店をめぐり、出版の現状を探求する旅
・世界中のITビジネスの現場をめぐる旅
・アジアの鉄道に乗り鉄道事情を発信する旅

大事なことは観光だけではなくそれにプラスする
あなただけの旅の「テーマ」を持とうということである。

この章では、テーマのある旅の制作方法として、
次のようなことについてお伝えしたい。

・旅にどんなテーマを持てばよいのか
・多くの人を巻き込むにはどうしたらよいのか
・どのように旅の成果などを発信していくのか

また、デジタル時代の旅の最新情報、
SNSやIT機器などのインターネットを十二分に活用する
ノウハウなどもこの章の後半で紹介する。

テーマのある旅の制作方法

〔 旅の準備 〕

「テーマのある旅」の成否は、その準備にかかっていると言っても過言ではない。
どんなテーマにするのか、何を得たいのかしっかり考えよう。
出発の3ヶ月(90日)以上前から準備を始めるのが、おすすめだ。

01 旅の終わりから始める

旅を終えたときの自分を想像してみよう。どんな顔つきで、どんな知識と経験を備えているだろうか？ わくわくするエンディングを考えるところから始めよう。

02 旅のテーマを決める

テーマは、「旅を終えた自分」を達成するためのもの。他人から見てもおもしろいか？ 魅力的か？ 新鮮か？

03 企画書をつくる

企画書は1枚にまとめよう。プロジェクトマネジメントのPMBOKを参考にしてみよう。

04 人に対して発表する

旅プロジェクトをたくさんの人に知ってもらおう。あなたの旅に共感してくれる人は、きっとあなたの強い味方になる。

06 メディア戦略を考える

より多くの人にリーチできるよう、メディアとの連携も視野に入れよう。自分の旅に共感してくれそうなミドルメディアを探そう。

07 マネタイズする

企業の協賛、クラウドファンディング、奨学金など、さまざまな資金調達の方法がある。旅プロジェクトをたくさんの人に見てもらおう。

05 ネットメディアの準備をする

Facebook、Twitter、Linked Inのアカウントは必須。サイトやブログを立ち上げれば、さらに発信力が高まる。

08 行き先を決める

自分のテーマに合った行き先を選ぼう。ガチガチに計画しすぎず、余裕を持ったルートづくりを心がけよう。

準備ができたら、いざ、出発だ！

〔 旅に出る 〕

旅の準備を終えたら実際に飛び立つ。
計画通りにいかないことも多いが、それもまた旅の醍醐味だ。
常にその場を楽しみながら、状況に合わせて修正していく。
自分のテーマに合わせて、使えるツールは十二分に活用していこう。

01 **航空券を買う**
格安航空券やネット割引を
うまく活用しよう。

02 **宿泊する**
カウチサーフィンなどのSNSや、
ユースホステルも活用しよう。

03 **インターネットを確保する**
シムフリーの
スマートフォンは、必須だ。
ぜひ手に入れよう。

04 **現地の情報を取得する**
サイトやガイドブックに加えて、
現地の情報取得の方法を知っ
ておこう。

05 **人と会う**
会いたい人にコンタクトする
ための方法を紹介。SNSや
イベントをうまく活用しよう。

06 **旅を発信する**
サイトやSNS、メディアとの
連携をいかに継続的に
更新するかが大事だ。

01
お世話になった人
へお礼と報告

協賛してくれた企業や応援
してくれた人に無事の帰国の
報告とお礼にいこう。

02
経験を
アウトプットする

旅で得た経験をしっかりアウト
プットしよう。次のキャリアに
活かすための大事なステップだ。

〔 旅を終えたら 〕

無事の帰国を果たしたら、
お世話になった人にお礼をしよう。
唯一無二の経験や知見をたくさんの人と共有しよう。
それを自分の仕事や生活につなげていこう。

旅を活かして、
新しいステップへ

旅の準備

01 | 旅の終わりから始める

　<u>旅を終えたときの自分を想像してみよう</u>。どんな顔つきで、どんな知識と経験を備えているだろうか？

　旅を終えて帰国したときの「こうなりたいというイメージ」を持つことから始めてみよう。本でたとえるなら、物語のエンディングを先に決める感じだ（一般的に、作家は結末を考えてから執筆するのだから当然のことだが）。旅を終えたときになりたい自分に向かって、自分で物語をつくっていこう。

　本書を読んで「テーマのある旅」をしてみよう、と思っている方は、下記の2つの志向があるのではないかと思う。

　1つは、まず<u>「旅」そのものをしたいと思っている人</u>。世界中を見てみたい、日常生活から離れてのんびりしたい。しかし単なる観光旅行や放浪では、おもしろくなさそう。長期で行くとなると、仕事のことも気になる。「テーマのある旅」をすることによって、自分らしい旅をしたいと思っている。大学1〜2年生や、旅が好きな人、経験豊富な旅人に多いかもしれない。

　もう一方は、<u>やりたい仕事があって、次のキャリアを描きたい人</u>。なりたい自分があり、その目標に向かう上で、世界を知る必要があるという人だ。次のステップへのプロセスのひとつとして旅がある人たちだ。就職を考え始めた大学生や、キャリアチェンジを考えている社会人などが、ここに入るだろう。

　前者の人々の旅を終えたときのイメージは、「すごくおもしろい旅をして、ネット界の有名人になっている自分」かもしれない。「日本一有名な大学生」もいいだろう。

　後者ならたとえば、「将来カフェなどの空間プロデュースをしたい」と考えていて、旅を終えた自分は「世界中の最先端のカフェに詳しくなっている」などになるだろう。

　旅の終わりの姿に決まりも制限もない。まずは自分がわくわくするエンディングを考えてみるのだ。夢物語に（いまは）思えたってかまわない。

　　　　旅を終えた自分は、どんな姿になっているだろう。
　　　　わくわくするエンディングから考えてみよう。

02 | 旅のテーマを決める

　旅を終えたときの自分の姿がイメージできたら、そこに向かうためのテーマを決める。どんなテーマでどんな旅をすれば、その目標を達成できるかを考えてみよう。

　僕の友人は、シェフとして世界観をもっと広げたいという目標を持ち、世界の食を味わう旅に出た。また、別のある友人は、IT業界に就職するにあたって最先端のトレンドを肌で感じたいという想いから、サンフランシスコやロンドンなどITのベンチャーが集まる場所を旅して、現地のビジネスパーソンに会っていた。ホテルの仕事に就きたいから、世界の一流ホテルのホスピタリティを見てまわるという旅だってある。

　上記のようなキャリアなどがはっきりしていなくて、なんとなくおもしろい旅をしたい人は、下記のような切り口で考えてみてはどうだろう？

・自分がやっていて楽しいこと（楽しめることにしよう）

・まだ誰もやっていないこと、マイナーなこと（第一人者になれるかも！）

・自分の特性を活かせるもの（おしゃべりが上手とか、絵がうまいとか）

・多くの人が興味のあること（芸術や音楽、美しい景色、料理など）

・誰かの役に立つこと（社会貢献やボランティアなど）

　ポイントは、**他者からの見え方を意識すること**だ。他の人から見てその旅がおもしろいものになるか、次のキャリアにつなげるときに話すとおもしろい内容か、履歴書などに書くときにキャッチーであるか。日本一有名な大学生になりたいのに、旅のテーマが「世界の美味しいものを食べ歩く」では、本人は楽しいかもしれないが、あまり新鮮さは感じられない。「世界の虫料理を食べ歩く」とか「ベジタリアンフードをめぐる」とか、どこかエッジの立ったテーマを考えよう。

　旅の先輩たちのテーマは非常に参考になるので、ネットなどで調べてみよう。

　世界一周堂が運営しているセカイチブログ※というコミュニティには、世界を「あるコンセプト」でまわった人たちのブログ、サイトがまとまって読めるので、こちらも参考になる。

テーマは、「旅を終えた自分」を達成するためのもの。
他人から見ても、おもしろいか？ 魅力的か？ 新鮮か？

※ http://www.sekai1.co.jp/blog/

03 | 企画書の制作

旅のテーマが決まったら、プロジェクトに落とし込もう。ここではプロジェクトを制作する際の、企画書のテンプレートを簡単に紹介したい。重要なのは、シンプルなこと。1枚にまとめられるようにしよう。

1枚で伝えられないような企画であれば、あなたはその企画を本当には理解していないかもしれない。納得していないかもしれない。その企画のキモが誰にでもわかるようにつくってみよう。

欠かしてはいけないのは、次の3点だ。①なぜやるのか（why）、②どのようにやるのか（how）、そして③どういった結果を残したいか（what is the result）。プロジェクトマネジメントで使われているPMBOK※の手法を参考にしながら僕が独自につくった企画書のテンプレートを紹介する。

企画概要（バックグラウンド）
目的（ビジョン）
目標（結果への数字）
スコープ（どのように、何をするのか）
スケジュール
前提条件
予算
協力ー仲間

※ PMBOKとは
アメリカの非営利団体PMI（Project Management Institute）が策定した、モダンプロジェクトマネジメントの知識体系。PMBOKでは、プロジェクトを遂行する際に、スコープ（プロジェクトの目的と範囲）、時間、コスト、品質、人的資源、コミュニケーション、リスク、調達、統合管理の9つの観点（「知識エリア」と呼ばれている）でマネジメントを行う必要があるとしている。
参考図書：『WebプロジェクトマネジメントP標準 PMBOK®でワンランク上のWebディレクションを目指す』（技術評論社）

企画書は、1枚にまとめよう。
プロジェクトマネジメントのPMBOKを参考にしてみよう。

企画概要

　…世界を舞台にして、世界のどこででもビジネスのできる人々が増えている。彼らは、自国の内需だけでなく、急激に変わりゆく世界の中、会社、国境の枠にとらわれること無く、チャンスを見極め、自分の好きなこと、やりたいこと、信念に従って世界を舞台にビジネスをしている。個人で世界とつながり、IT、クラウド化によって彼らの活躍できる場がさらに整い、世界で大いに活躍している。

　一方、日本では若者の内向き志向、少子高齢化による市場の縮小が問題となっている。そこで世界を舞台に活躍している人々にインタビューをしながら世界一周をすることで、彼らのビジネスモデル、ライフスタイルを日本人の若者、ビジネスマンに伝え、結果、外向き志向の底上げ、新しいライフスタイルの提案をする。NOMAD PROJECTでは、世界に出て日本を外から見ることができるプロモーターを輩出するために、野心あふれる若き日本人に対して、『個人で世界を繋がっていく一つの指針』としてライフスタイルを提案していく。…

1.プロジェクトの目的

- 1-1. 日本の若者の外向き志向の底上げ
    - （エッジのたった人々を更に海外へ、外向き志向の底上げを図る）
- 1-2. ノマドという新しいビジネススタイルの提案
- 1-3. 新規ビジネスチャンスの発掘
- 1-4. 世界での働き方、ライフスタイルの選択肢を広げる

2.プロジェクト目標

- 2-1. サイトのpage view XXXXX ／月
- 2-2. Facebook ファンページ XXXXlike／プロジェクトが終わるまで
- 2-3. インタビュー数XX ／日本人のインタビュー数

3.プロジェクトスコープ

- 3-1. ウェブサイトのデザイン、プログラミング
- 3-2. Facebookページの立ち上げ
- 3-3. 情報発信を構築（大手メディアとの連携）
- 3-4. お会いする方々へのアプローチ（ご紹介など）
- 3-5. アポ入れ—取材—記事に編集—記事を公開—発信—アポ入れ
- 3-6. ……

4.前提条件

- 4-1. プロジェクト始動日は、XXXX年X月XX日 旅の終了はXXXX年X月まで。
- 4-2. 期間は一年間とする。
- 4-3. XXXX年以内に以上の結果を出す。

5.予定スケジュール（一例）

1/1-1/31	企画制作・サイトの準備
2/1-2/25	お会いする人の下調べ・発信方法の構築・マネタイズ
2/26-3/12	旅への準備
3/15-3/18	カタール
3/18-4/13	インド
4/13-4/17	バングラデシュ
4/17-5/11	中国
5/11-5/31	アメリカ
6/1-6/10	中国（上海・北京）
6/11-6/20	ベトナム
6/20-6/30	ミャンマー
7/1-7/12	フィリピン
7/13-7/22	香港・マカオ
7/23-7/31	韓国
8/1	帰国

6.プロジェクト体制

- 6-1. プロジェクト代表:XXXX
- 6-2. プロジェクトディレクター:XXXX
- 6-3. 記事編集校正、デザイン管理:XXXX
- 6-4. プロジェクトスポンサー兼アドバイザー:XXXX

04 | 人に対して発表する

　企画書ができたら、それを自分の周りの人にプレゼンしていこう。
　まずは、家族。そして、友達、(大学生なら)大学の教授、(社会人なら)会社の同僚・上司。質問やアドバイスを受けたら、その都度、企画をブラッシュアップしていこう。

　企業から協賛金などをもらいたいと思っているなら、ある程度慣れてきたところで、企業やパトロンになってくれそうな人にもプレゼンをしに行こう。
　2章で紹介した旅人たちも、多くの人が協賛金や商品の提供を受けている。中でも、ユーラシア大陸を自転車で横断し、子どもたちを糸でつなぐ旅をした加藤功甫さんと田澤儀高さん(p.44)は、物品の提供なども含めて150万円相当の協賛を獲得した。地元である横浜の会社をひたすらまわって、ひたすらメールを送って、会ってもらうことによって協賛を得た。

> "僕たちは有名人でもないただの学生。「今の僕たちでは何もできないが、意味のある活動をします。カンパしてください」と話していました。スポンサーを得ようと思うのではなく、「応援してください」といったスタンスでしたね。そうすると、「会社では出せないが個人で出す」という方も増え…"
>
> (p.47より引用)

　資金は自分の貯金でまかなう、という方もいるでしょう。でも、この「周囲の人に旅のプロジェクトをプレゼンする」というステップは、必ずやってほしい。プロジェクトを遂行する過程で、わからないこと、困ったこともたくさん起こるはず。そのときに、自分のビジョンをまわりの人と共有できていれば、さまざまな場面で助けてもらうことができるはずだ。
　このステップで一番大事なのは、<u>同じビジョンを持つ人、共感してくれる人をどれだけ多く、どれだけ深く巻き込むことができるか</u>である。

　　　旅プロジェクトをたくさんの人に知ってもらおう。
　　　あなたの旅に共感してくれる人は、きっとあなたの強い味方になる。

05 | ウェブ制作 ネットメディアの準備をする

　SNS（ソーシャルネットワークサービス）にアカウントを持っているだろうか？ もしまだなら、この機会にぜひ登録しよう。ミクシィやグリーなどを使っている人もいるかもしれないが、海外の人と交流することを考えると、Facebook, Twitter, LinkedInなどがおすすめだ。
　SNSにアカウントがあると、初対面で少ししか話せなかった相手とも、それっきりにならず、SNS上で長くつながっておくことができる。SNS上で発信していれば、自分がどんなことに興味関心があるのかなど、すぐにわかってもらうことができるだろう。
　また、本章の後半で詳しく述べるが、会いたい人にコンタクトするにも、SNSは大いに活用できる。

　SNSに加えて、自身のサイトやブログをつくって発信することも強くおすすめしたい。SNSは、自分のプロジェクトを知ってもらうのに相手もSNSをしていなければ届かないのに対し、サイトやブログは完全に開かれた存在なので、世界中のあらゆる人に見てもらうことができる。
　<u>サイトやブログによって、さらに発信力が高まり、発信することにより情報が集まり、協力してくれる人も見つかりやすくなる</u>。また、旅行中の自分の発信がアーカイブでたまっていくのは、ログとしても便利だ。

　僕のサイト「NOMAD PROJECT」はWordpressというサイト制作ツールを使ってつくった。これによってどんなプロジェクトをしているのかが一目瞭然となり、さまざまな人に会うのに有効なツールとなった。いわば名刺のようなものだ。
　また、メディアなどにも取り上げられやすくなり、SNSだけをしているより発信力が上がった。

　Wordpressを使えば今は簡単にサイトをつくることができる。昨今のブームでブログはありきたりになってしまったので、僕は自身でサイトをつくることをおすすめしたい。Wordpressの使い方はSNS特集に記したので、ご参照いただきたい。（p.131）

Facebook, Twitter, LinkedInのアカウントは必須。
サイトやブログをつくれば、さらに発信力が高まる。

06 | マスメディア、ミドルメディア戦略

　SNSは、個人と個人でつながるためのものだが、より多くの人に自分の旅プロジェクトを知ってほしいと思うなら、マスメディアやミドルメディアを活用しよう。
　ミドルメディアとは、テレビやラジオ、新聞などのマスメディアとSNSの中間の規模のメディアのことである。具体的には、企業や業界、分野、趣味の人々など、数千人から数十万人の規模の特定層に向けて発信される媒体だ。

　いきなり万人向けのテレビやラジオなどに出るのは難しいので、まずは、**自分の旅に共感してくれそうなターゲット層が見る媒体（ウェブマガジンや雑誌、広告など）を探してみよう**。太田英基さんのSAMURAI BACK PACKER PROJECT（p.66）では、さまざまな人にリーチできるように「アドタイ」や「ビジネスメディア誠」など大手ウェブメディアと連携をした。オーガニックの旅の豊泉夫妻（p.72）はオーガニック雑誌で連載していた。自転車の旅のCoC（p.44）はラジオや自転車アスリート雑誌と連携した。

　掲載してもらうには、各担当者に連絡するのが正攻法だ。サイトのメールアドレスからアプローチしてみよう。番号がわかれば、直接電話してみるのも手だ。その際に自分のプロジェクトを客観的に紹介して、サイトなどと一緒に送ろう。また、やりとりの中でチャンスがあればぜひ担当者に実際に会いに行き、企画書を持参しプロジェクトを紹介しよう。

● 旅プロデューサーたちが連携していたネットメディア（一部）

・greenz（ソーシャル系）	・Yahoo News（情報系）
・オルタナS（ソーシャル系）	・Blogos（ブログ）
・現代ビジネス（ビジネス系）	・アドタイ（広告系）
・産経biz（ビジネス系）	・地球の歩き方にブログを掲載（旅系）
・ビジネスメディア 誠（ビジネス系）	・トリップアドバイザーでブログ紹介（旅系）……他にも多数

より多くの人にリーチできるメディアとの連携も視野に入れよう。
自分の旅に共感してくれそうなミドルメディアを探そう。

07 | マネタイズする

「04 人に対して発表する」でも書いたが、旅の資金の調達を考えているのなら、まず身のまわりの人や、共感してくれる人、プロジェクトと親和性が高い企業、応援してくれそうな会社などに企画書を持ってまわっていく。自転車旅などアスリートに近い旅をするのならアウトドア会社に、食の旅をするなら食品会社に、ファッションを探求する旅をするならアパレルの会社へのアプローチから始めてみよう。

<u>自分の旅が、相手にとっても利益を提供できることがわかるような企画とプレゼンをすることが重要だ</u>。資金を提供してもらえれば言うことはないが、本気と熱意が伝われば、会社の商品を提供してもらえたり、サイトなどで紹介してもらえることもある。

また、「クラウドファンディング」もマネタイズの大きな手段になりつつある。クラウドファンディングは、あなたのプロジェクトをネット媒体で発信・プレゼンし、それに賛同してくれる複数のパトロンがお金を提供してくれる場だ。また、STEP 22※という若者の海外の新しい挑戦に奨学金を出してくれるプログラムもある。

資金面の援助を受けることが第一の目的だが、これらの媒体を使うことは、あなたのプロジェクトを多くの人に見てもらう貴重なチャンスになる。仲間を見つける場所にもなるし、自分の計画にさらに磨きをかけることもできる。

● 主なクラウドファンディング一覧

・Ready for?	http://readyfor.jp
・Campfire	http://camp-fire.jp/
・COUNTDOWN	http://www.countdown-x.com/
・元気玉プロジェクト	http://motion-gallery.net/genkidama
・Kickstarter	http://www.kickstarter.com/

> 企業の協賛、クラウドファンディング、奨学金など、さまざまな資金調達の方法がある。旅プロジェクトをたくさんの人に見てもらおう。

※ http://step22.com/

08 | 行き先を決める

　自分のテーマやプロジェクトに沿って、国と都市を考えていこう。あれも見たい、ここにも行ってみたい、と実に楽しいひとときだ。

　たとえば、テーマが「食」の旅であれば、世界中でいくつかのレストランをピックアップして、必ず行きたい店を決め、それらを効率よくまわれるルートをつくる。「人に出会う旅」なら、ある程度会いたい人の目星をつけて、アポイントを入れながら、ルートをつくっていこう。

　2章で紹介したオーガニックファームをめぐった豊泉夫妻（p.72）や、ヒッピーコミュニティを旅した久志（p.84）さんは、訪ねてみたいファームやコミュニティを拠点にして、ルートをつくっていた。

　しかし、これらの計画は旅をしているなかで変わってくるものだ。<u>行き先に関しては、あまり細かく決めず、だいたいの国と日程でスケジュールを組もう。</u>僕の場合も、最初に立てたスケジュールと実際のスケジュールとではかなり違っていた。が、大まかなルートと左回りで地球をまわるというところは変わらなかった。旅のイメージをふくらませる上でも、大まかなルートと行く国は決めておきながらも、柔軟に対応できるように遊びも入れておこう。

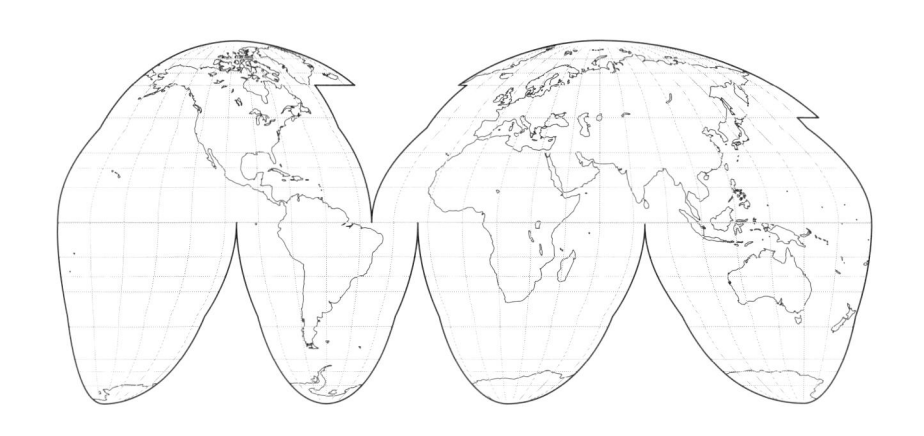

自分のテーマに合った行き先を選ぼう。
ガチガチに計画しすぎず、余裕を持ったルートづくりをしよう。

09 | （苦手な人は）英語を勉強する

　英語が苦手で、出発までに時間のある人は、英語の学習に時間をあてることをおすすめしたい。海外旅行中に英語が話せるのと話せないのとでは旅の密度がまったく違う。

　英語学習で最近注目を集めているのが、フィリピン語学留学だ。非常に安い上に、教育の質も高くなってきており、1日5時間以上マンツーマンで英会話レッスンを受けることができ、3ヶ月で食と住居、航空券代も込みで、35万円程度という安さを提供しているところもある。旅に出る前に、こういったプログラムに参加するのもいいだろう。

　時間に余裕のない人は、日本にいながらSkypeなどを使った英会話の授業を格安で受けられるので、チェックしてみよう。

　また、お金と時間に余裕のある人は、海外のビジネススクールに付属している語学学校なども検討してみよう。周りにおもしろい人々が集まる環境で勉強でき、今後役立ちそうな人脈もつくれるだろう。生のビジネス英語を学べるという利点もある。

● フィリピン語学学校リスト

01	安くてクオリティが高い、コストパフォーマンスのよい学校
	ストーリーシェア／CNE1／QQイングリッシュ／IDEA DAVAO
02	スパルタスタイルで、短期での英語習得におすすめな学校
	HELP／PINES／SME Sparta
03	特色のある学校
	パラダイスイングリッシュ（アメリカ人に大人気のビーチリゾート・ボラカイ島にある語学学校）
	オトナ留学（ビジネスマンに特化した語学学校）

監修：太田英基氏（p.66の「旅×SAMURAI」で紹介）
『フィリピン「超」格安英語留学』（東洋経済新報社）執筆／現在、フィリピンを中心に「School With」という語学留学の口コミサービスに取り組んでいる。（http://schoolwith.me/）

**英語ができるとできないでは、経験の濃度が違う。
多少コストがかかっても、身につけてから旅に出よう。**

旅に出る

いよいよ出発だ！具体的な旅の
ノウハウをここで紹介しよう。
特に、僕が活用していた
情報収集の方法、
会いたい人にアプローチする方法
などを参考にしてほしい。

01 | 航空券を買う

　ほとんどすべての航空会社の航空券をネットで買うことができるようになった。クレジットカードがあれば、すぐに購入できる。出発日より前に買えば買うほど価格も安くなり、キャンペーンなどに便乗できれば、日本から東南アジアの国々へなら、片道3000円程度のこともある。詳細はp.127に掲載した。

02 | 宿泊する

　ホテル、ユースホステルなど、多くの宿泊施設があるが、カウチサーフィン、Airbnbといった新しいサービスをぜひ紹介したい。こういったサービスを使うことによって無料、もしくは非常に安い値段で現地の家に滞在することができるのだ。それぞれについては、p.120、p.123に詳しく記載した。

03 | インターネットを確保する

　ネット環境は非常に大事だ。空港に降り立って、僕が最初にしていることは、シムカードの購入だ。たいてい空港の中で買える。シムフリーの携帯を持っていることにより、ネット回線を現地の価格で使える。パソコンなどへテザリング（携帯電話からネットをパソコンに飛ばすこと）ができるものも多いので、まずは3G回線を確保しよう。ただ、3Gでなくてもたいてい、カフェやホテル、ユースホステルにはWi-Fiが飛んでいることが多い。詳しくは、p.141を見ていただきたい。

04 | 現地の情報を取得する

事前に滞在する土地の情報を持っていると、旅の奥行きがぐっと深まる。ネットや電子デバイスを使えば、さまざまな現地の情報にアクセスできる時代になった。ここで、僕の情報取得の方法をいくつか紹介する。

● 書籍、ガイドブック

『地球の歩き方』『ことりっぷ』『ロンリープラネット』『TRANSIT』などガイドブックや雑誌はかさばるので電子書籍化してiPadやKindleに入れて持ち歩くのがベストだ。

● 現地での情報取得

〔 観光案内所 〕
新しい都市の空港や駅に到着したときは、最初に立ち寄ろう。現地の情報が大量に、無料で手に入る。

〔 日本人が集まる宿・日本人経営の宿 〕
日本語で現地の情報を取得したければ、これらの宿泊施設に行くのがいいだろう。ガイドブックを譲ってもらえることもある。

〔 ユースホステル 〕
バックパッカーがたくさん集まるので、情報交換に最適。自分が次に向かう目的地から来ている人は最新の情報を持っているので、いろいろ教えてもらおう。

〔 現地の人に聞く 〕
カウチサーフィンやAirbnbなどを使って現地の家庭に滞在している人は、ホストやその家族から生の情報を聞くことができる。カウチサーフィンなら、宿泊はせずお茶を飲みながら話だけすることもできる。また、定期的に行っているイベントに参加して情報収集することもできる。
（カウチサーフィン、Airbnbについてはp.120参照）

● 便利なサイト

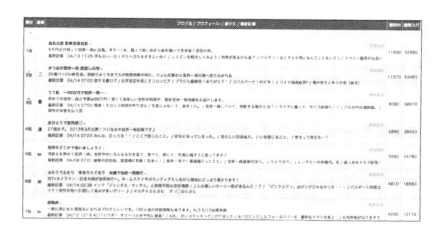

世界一周旅行ブログ村
世界一周旅行中の人々、旅をしている人々の生の情報が、ブログでまとめて表示されているサイト。最新情報を取得するのに便利。

「地球の歩き方」サイト
各国のビザ情報や気候、通貨、渡航安全情報などが掲載されている。自分が渡航予定の国について調べてみよう。

「楽天トラベル」「HIS」「じゃらん」などの旅行総合サイト
これらのサイトでは、美しい写真などとともに観光地の情報や特集記事などがわかりやすく整理されている。ツアーに参加しなくても、イメージをふくらませるのに最適だ。

05 | 人と会う

普段の生活では出会えないような人々と交流できるのが、旅の醍醐味のひとつだろう。特に、現地の人と交流したい、会いたい人がいる、というテーマで旅する人のために、アプローチの方法などを紹介したい。僕の旅のテーマが「ノマド起業家に会う」だったので、ここはぜひ参考にしてもらえるとうれしい。

● 友人や知人からの紹介

最も安全で安心な方法だろう。自分の友達や知り合いから、現地にいる人を紹介してもらう。また、現地で仲よくなった人からの紹介も多い。

僕がNOMAD PROJECTの旅でインタビューさせてもらった人の7割から8割は、紹介だった。特に、TED、Startup weekend、Bar Campなどのイベントオーガナイザーたちは、国境を超えて交流があり、次々と人を紹介してもらえた。僕はこの旅で、世界は「人」を介してつながっていることを実感した。世界は広いが、世間は狭い。

● サイトやSNSを使う

インターネットで調べて、コンタクトをとることもできる。会いたい人物や組織のブログから連絡したり、FacebookやTwitterで話しかけたり、メッセージを送ったりしてみよう。Meetup※やカウチサーフィンなどのサービスを使って、現地の人とお茶をしたり、LinkedInでつながっている人に現地の人の紹介を頼んだり、さまざまなSNSを使って会うことができる。

※ http://www.meetup.com/

Facebook

Facebookは、ある特定のグループの人々にアプローチする場合に適している。コミュニティページがあるからだ。たとえば、ハーバード大学の学生に会いたい場合は、ハーバード大学のFacebookページを探そう。僕は次の2つの方法をおすすめする。
①ページのウォールに、学生に会いたい旨や自己紹介を投稿し、連絡を待つ
②ページの中でアクティブに動いている人で興味がある人にメッセージを送る。大学や都市ごとにFacebookコミュニティが存在するので、チェックしてみよう。

Twitter

海外で日本人と会いたい場合は、Twitterが適している。Twitterで興味のある場所や行きたい場所を日本語で検索すると、さまざまな情報がヒットする。詳しそうな人、おもしろそうな人がいれば、メッセージを送ってみよう。逆に、あなたが現地の情報などをつぶやいていると、現地の人が興味を持ち連絡をくれる場合もある。僕も、メッセージをくれた人と何度か会ったり、食事をしたりした。

LinkedIn

ビジネスパーソンにアプローチする場合は、LinkedInが最も適している。業種、職種が非常に調べやすいのが特徴だ。もしあなたがビジネスパーソンに会いに行きたいと思っているなら、当然のことだが、ビジネスについて語れるだけの語学力が求められるので、注意しよう。

インドのバンガロールのTEDにて。 オーストリアのウィーンのThe HUBにて。

● 現地のイベントに参加する

　現地のイベントに参加してみるのもおすすめだ。僕は起業家の人々と知り合うために、TEDやStartupweekend、BarCampなどのカンファレンスによく参加していた。イベントは定期的にいろいろな場所で行われているので、探してみよう。
　また、フリーランスの人や起業家が共同で使用しているコワーキングスペースと呼ばれるオフィススペースでは、定期的にイベントが開催されている。The HUB（http://www.the-hub.net/）などが有名だが、それ以外にもたくさんのコワーキングスペースが各地にあるので、積極的に訪ねてみよう。

● ドアノックしてみる

　手をつくしたが、連絡がとれない。でもどうしても会いたい人がいる。そんなとき、僕は何度か直接オフィスなどに会いに行ったことがある。ただ、これは相手にとっては非常に迷惑な話なので、あくまで最終手段として使おう。僕がアポなし訪問した起業家たちは、幸いにもみな快く受け入れてくれたが（人によってはその行為を評価してくれた）、できるだけ前もってアポイントを入れることがマナーだ。

人と会うときの心構え

　「人に会う」ということは、その人の時間をいただくということ。ただ会いたいとか話を聞きたいというのではなく、なぜ会いたいのか、自分の活動や意見を伝えよう。そして、その時間を相手にとってどんな意義のある時間にするのか。時間をとってもらう代わりに、自分は相手に何を提供できるのか。しっかりと考え、準備をしてから会いに行こう。
　僕の場合は、人に会う前は徹底的にその人のバックグラウンドをネットで調べた。そして、マインドマップを使って聞きたいことのアジェンダをつくった。これによって、聞きたいことがより明確になり、より深みが増したと思う。

06 ｜ 自分の旅を発信する

　旅行中は、自身のウェブやSNSで継続的にコンテンツを発信しよう。特に、自分の旅プロジェクトのFacebookコミュニティを立ち上げて、定期的に仲間や興味のある人たちと意見交換をするのは非常に勉強になるので、おすすめだ。

　どうせ発信するなら、多くの人に見てもらえるようなコンテンツをつくろう。写真や動画は、質の高いものをつくることができれば、大きな強みになる。動画は、YouTubeやVimeoなどにアップするのもいいだろう。写真は、Instagramなどで撮影すると、雰囲気のある写真に加工できる。

　僕の場合、発信のメインはサイトで、週に1回以上更新することを目安にしていた。一方で、実はSNSではそれほど発信していなかった。SNSを使っている人ならわかると思うが、人の投稿を見たり、コメントをしたりしていると、気づけばかなり時間を使ってしまっていることがある。さらに、自分の投稿に対するコメントや反応があったりすると、返信しなければならない。発信することは大事だが、発信することばかり意識してしまうと、目の前の人や体験に集中できないというジレンマに陥ってしまう。うまくバランスをとって活用していこう。

　旅をしながら発信するのは、正直に言って大変だ。ネット環境を確保しなければならないし、移動などでくたくたに疲れていることも多い。でも、発信することは旅プロジェクトの中の非常に重要な要素だ。<u>旅を終えて、自分のサイトを見たとき、がんばって続けてよかったと心から思うことは僕が保証する。</u>

● **発信については、下記ページでも言及している。**

・サイト制作　→p.131
・Instagram, You Tube, vimeoなどを使った写真、動画での発信　→p.132
・マスメディア、ミドルメディアとの連携による記事の発信　→p.108

質の高いコンテンツと継続的な更新が大切。
旅行中の発信は大変だが、その価値はある。

旅の準備 ▶ 旅に出る ▶ **帰国**

旅を終えたら

なつかしい日本に帰国。さまざまな経験をして、一回りも二回りも成長しているだろう。
ほっとするところだが、まだプロジェクトは終わっていない。
旅の経験をどう活かすか、ここからがスタートだ。

01 | お世話になった人にお礼と報告をする

　無事帰国したら、まずは、応援してもらった人、協賛してもらった企業やパトロンに無事帰国した旨のあいさつとお礼をしよう。旅行中に知り合った人、お世話になった人へのお礼も忘れずに。

02 | 自分の経験をアウトプットする

　旅で得た自分の経験をしっかりとアウトプットしていこう。あなたが世界をまわって感じたこと、成果、結果などをたくさんの人にシェアしよう。人に話したり、文章を書いたりすることによって、自分の中でもだんだんと整理されてきて、自分が得たものが明確になってくる。
　さらに、自分で自分の旅プロジェクトの報告会を開くことをおすすめしたい。家族や友人、お世話になった人、応援してくれた人、自分の旅に興味を持ってくれた人に集まってもらい、旅の素晴らしさ、危険さ、学んだことなどを発表できる場を持とう。
　その他、「旅祭り」や「Tabbippo」「タビス会議」など、さまざまな旅イベントに参加するのもひとつの手だ。

旅の終点、新しい始点

旅は終わった。最初にイメージしたエンディングを迎えることができただろうか？プロジェクトをしっかり振り返ったら、次の目的地（キャリア、仕事）に向かって進んでいこう。この旅プロジェクトを堂々とアピールしよう。目標に向かってひとつのプロジェクトを成し遂げた経験は、必ず次につながる。新しい旅に出よう。

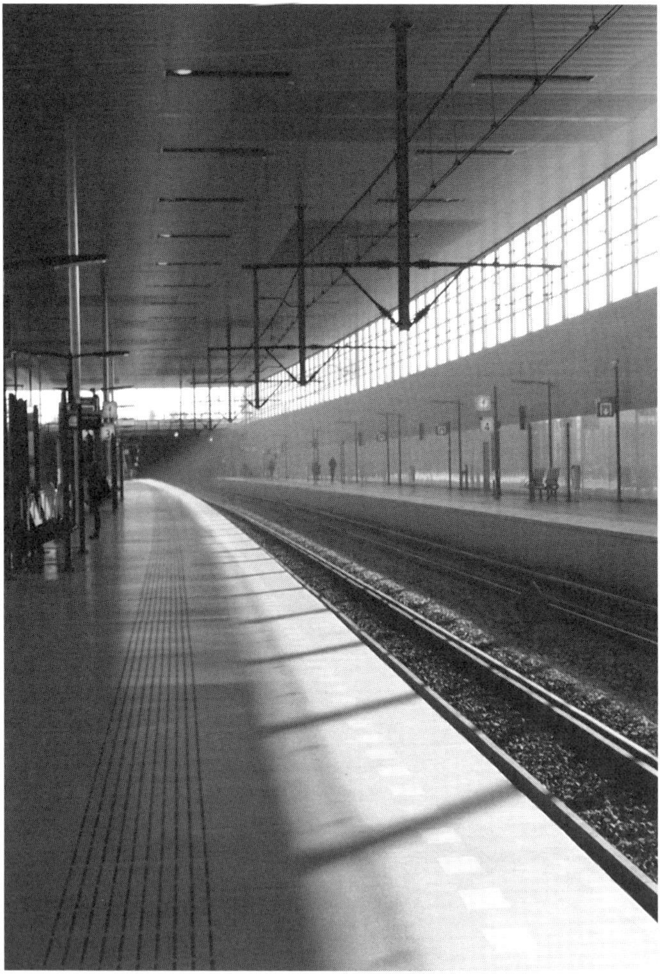

「旅の中でしたい100のリスト」をつくってみよう

　「自分の仕事をつくる旅」にするために旅プロジェクトを遂行することが本書の主題だが、あまりガチガチに考えていては楽しめない。テーマとずれても、やりたいことはやってしまおう。たとえば、「旅の中でしたい100のリスト」をつくってみてはどうだろうか。

　これは、ロバート・ハリス氏が提案している「人生の100のリスト」を活用したもの。旅行中にやりたいことを100個書いてみる。その中から共通項を見つけて、旅をしながら自分のやりたいことを実現できるようにするのだ。

〔 **青木優**（p.50の旅プロデューサー）の旅でやりたい100のリスト　一例として50まで 〕

1　世界一周する	26　パイロットのライセンスを取る
2　ブログを1年間続ける	27　外国人と付き合う
3　自分で惚れるくらいのカメラテクを身につける	28　宇宙に行く
4　万里の長城に行く	29　1日1冊読書を1年間続ける
5　無人島に行く	30　SNSを使って海外で100人と会う
6　デモを目の前で見る	31　サーフィンをする
7　ユーラシア大陸横断	32　マチュピチュに行く
8　ハンモックで寝る	33　ドイツのDialog in the Darkに行く
9　イルカと泳ぐ	34　エベレストを登る
10　自転車でヨーロッパ横断	35　キリマンジャロに登る
11　留学をする	36　ウユニ塩湖に行く
12　ニースに行く	37　石油王に出会う
13　一眼レフを買う	38　48時間起き続けてみる
14　ヒッチハイクで日本旅	39　ボリビアのデスロードを自転車で駆け下りる
15　本を出版する	40　日本食を振る舞い、「ウマイ」と言われる
16　オーダーメイドのスーツを仕立てる	41　イビサ島に行く
17　オーロラを見る	42　砂漠に行く
18　ダイビングをする	43　らくだに乗る
19　スカイダイビングをする	44　満天の星の下で宇宙を感じる
20　はてブで1000ブックマーク獲得	45　海外で日本食を食べる
21　催眠術ができるようになる	46　旅で出会った外国の方に日本に来てもらう
22　ガンジス河に飛び込む	47　ヨガの講師の資格を取る
23　レイブパーティーに飛び込む	48　英語をさらに話せるようになる
24　サイトを1日1万PV達成	49　ニューヨークで新年を迎える
25　イースター島に行き、モアイ像と写真を撮る	50　無事に日本に帰国する……

武器としての
情報・インターネット・SNS

世界に出るのではなく、世界にいる。
僕たちはいつ、どこにいても常に
世界の裏側とつながることができる素晴らしい時代にいる。
このデジタル時代の恩恵を、旅の間はたっぷり享受しよう。
ここでは、おすすめのインターネットサービスとガジェットを紹介していく。

01 | 宿泊／出会い

Couchsurfing（カウチサーフィン）
https://www.couchsurfing.org/

　カウチサーフィンは、旅行者が、無料で旅先のローカルの人の家に泊めてもらえるウェブサービスだ。短期のホームステイのようなイメージでとらえてもらえばいいだろう。

　カウチサーファーとしてウェブで登録し、訪問する国→都市→泊まりたい人や家庭を探す。宿泊したい日程と、なぜ泊めてもらいたいかというメッセージを入れて、時間と条件が合えばその人の家に無料で泊めてもらえる。滞在は大体1〜3日間ほどが基本だ。

　現地で泊めてくれる人をホストという。彼らがなぜ無料で宿を提供してくれるかというと、海外の人と交流をしたいからだ。海外の人の文化、言語、宗教、歴史を知りたいのだ。だから現地の人（ホスト）は、滞在先と食事（割り勘の場合もある）と現地の情報などを提供してくれる。あなた（旅人）は自国の文化や経験などをしっかりと共有するという前提のもと成り立っている。

```
カウチサーフィンに登録をする
        ↓
カウチサーフィンを開いて
メニューのSurf (go traveling) をクリックする
        ↓
滞在する都市名を入力する
        ↓
フィルター：検索の条件を選択する
（年齢や性別、自分との関連性、写真や信頼度、話せる言語、
最後にログインした時間などでフィルターにかけることができる）
        ↓
一覧で人が出てくる
（マークを参考に人を選ぶ・Yesのところに滞在できる）
        ↓
選択した人の評価を確認する
（一番大事なところ：「References」（リファレンス）を確認する。
これは評価や感想にあたるもので、多ければ多いほど信頼できる）
        ↓
どの人の家に滞在するかを決め「カウチリクエストを送る」
        ↓
自分の旅の説明やリクエストを出す理由、
滞在日程、人数、交通手段などを記入して送る
        ↓
完了・相手からの返信を待つ
```

〔 **カウチサーフィンのビジネスモデル** 〕

　カウチサーフィンはなぜ無料なのか。いまの所、収入源は寄付のみだ。15ドルから寄付ができる。そしてこの寄付をする事によって、カウチサーフィン側から「実際に実在している人である」という証明をもらえる。この証明があなたのプロフィールにも反映されるので、サイト内であなたという存在への信頼度が増す。ヘビーユーザーになるなら寄付することをおすすめする。人気のあるホストは、旅人たちからたくさんのメッセージが入るので、彼らが自宅に泊める人を選ぶとき、この信頼度の影響力が非常に大きいからだ。

〔 **素晴らしいところ** 〕

・無料で滞在できるので、宿泊費を節約することができる。
・現地の人の家に滞在することによってローカルの生活、文化、食事、ガイドブックに載っていない観光スポットなどに触れることができる。
・泊まるだけではなく、ローカルの人とお茶だけをすることや、カウチサーフィンが主催するイベントに参加することもできる。
・プロフィール設定が細かく、またその人の自宅に滞在したことのある人達の評価（リファレンス）などもしっかりと可視化されているので安心して滞在できる。

〔 **注意点** 〕

・いいことずくめのように見えるカウチサーフィンだが、女性旅行者がホスト先で危険な目にあうなどの事例もまれにある。女性は、なるべく女性ホストかファミリーのホストを選び、しっかりとレビューを見るなど、信頼度を確認すること。
・せっかくホームステイしているのだから、夕食や夜遊びなど外にばかり出るのではなく、しっかりとホストとコミュニケーションをとる機会を持つこと。それが面倒ならカウチサーファーとして泊まらない方が無難。普通のホテルや、ユースホステル、次に紹介するAirbnbなどをおすすめする。
・ホストとのコミュニケーションは、基本は英語の日常会話ができれば問題ありません。もし英語が苦手でも、ボディランゲッジで交流する意志を示そう。

Airbnb（エアー・ビー・アンド・ビー）

https://www.airbnb.jp/

Airbnbは、旅行者が有料で旅先のローカルの家に泊めてもらえるウェブサービスだ。旅行者が泊まりたいニーズと、現地の人の空き部屋をマッチングしてくれる。カウチサーフィンと大きく違うところは2つで、①有料であるということ、②有料なので、お客としての扱いを受けることだ。現地の人と生活してみたいが、外にもたくさん出かけて気兼ねなく遊びたいという人はAirbnbがおすすめだ。

Airbnbサイト内で泊まりたい街の名前を検索する

↓

部屋の写真・値段・場所・口コミなどを見て部屋を比較する
（注意点：市街地から離れていたり、車でしか行けなかったりするような場所は要注意だ。
レビューを見て信頼度をしっかりと確認する）

↓

カレンダーを見て予約、またはホストへコンタクトする
（※まだAirbnbのアカウントを作成していない方は、ここでアカウントを作成する）

↓

予約が確定する（決済する：クレジットカードが必要だ）
ホストが提示していた宿泊費と、Airbnbへの手数料を支払う

〔 **Airbnbのビジネスモデル** 〕

　ホスト側が設定した金額を旅人（あなた）が払い、その数％が手数料としてAirbnbに入る仕組みだ。値段設定は、ホテルに比べると格安だ。

〔 **素晴らしいところ** 〕

・カウチサーフィンと同様に、現地の家に滞在することによってローカルのライフスタイル、文化などを理解することができる。
・雑誌に載っているようなオシャレな部屋・豪華な部屋に滞在することができ、高級アパートからお城まで、利用者はいろいろな部屋を選ぶことができる。ホストの都合さえよければ、長期滞在をすることも可能だ。
・サイトが見やすく使いやすい。その場所の情報、テーマによって部屋を探すことができる。テーマを持って旅をしている人にとって非常に使いやすくありがたいサービスだ。

〔 **注意点** 〕

・カウチサーフィンと同じく、女性の旅行者は女性のホストかファミリーのホストを選ぶなど、しっかりとレビューを見て信頼度を確認すること。自分の身は自分で守ろう。
・お金を払っているからといって、無礼な態度はとらないように。その家庭のルールなどもサイトに記載されているので、確認してから申し込むこと。また、到着してからその家独自のルールを教えてもらうこともあるので必ず従うこと。
・カウチサーフィンもそうだが、立地には十分注意すること。観光や人に会う予定があるなら、都市の中心部もしくは駅から近い場所を選択しよう。

〔 **最新のサービス** 〕

　最近、「Neighborhoods」※という新サービスをリニューアルし、現在7都市、300の地域を公開している（2013年4月現在）。
　あなたの滞在する目的によって、各都市に「Dining」や「Shopping」「People」など目的別に地域がまとめられており、その目的別にタグがつけられた地域が一覧で表示される。その地域の説明や、その付近の地図、そしてAirbnbの滞在可能場所などが美しい写真とともに紹介されており、その地域の魅力が存分に伝わるようになっている。テーマを持って旅をするには、非常に便利だ。たとえば、食がテーマならDiningのタグで現地の情報を調べると、その地域の食の詳しい説明や食通の人、宿泊させてくれる人などを検索することができる。

※　https://www.airbnb.com/locations

ホテルに滞在する

　ホテルに滞在する時はネットで予約した方が圧倒的に安いし、特典がつく。しっかりと条件を確認して予約しよう。

　Hotels.comというサイトでは、Welcome rewardsがつくところは、滞在ごとに料金の10％分ポイントがたまる。agodaもホテルによってポイントがついてくる。

Hotels.com	http://www.hotels.com/	Booking.com	http://www.booking.com/
Agoda	http://www.agoda.com/		

ユースホステルに滞在する

　ユースホステルを上手く利用しよう。ユースホステルの登録カードに登録をすると、宿泊するたびに10％ほど割引してもらうことができる。また、ユースホステルにはその国や都市に長く滞在している旅行者が多く、またいろいろな国を旅している人も多いため、あなたが次に行く国の情報を持っている可能性が高い。旅の情報交換の場としても、有効だ。

　僕もよくユースホステルを利用した。事前にネットで評判などを確認しながら予約することもあったが、多くの場合は2〜3軒ほどまわって、自分で見て確かめてから予約していた。ユースホステルは固まって存在している場合が多いので、何軒かはしごして確かめるのも手だ。ごくまれに、サイトにはネットが使えると書いてあるのに使えないことや、シャワーのお湯が出ると書いてあるのに実は出ない、といったこともあるので、ネット予約は注意が必要だ。可能な限りレビューを見よう。

● ホステルを予約する上で参考にできるサイト

http://www.hostelworld.com/	http://www.hostels.com/

Startup Stay（スタートアップステイ）
https://startupstay.com/

　スタートアップステイは、起業家向けのグローバルトラベルコミュニティで、つまりは起業家に特化したカウチサーフィンだ。起業家なら現地の起業家のところに無料で滞在できる。

　これらの起業家同士の出会いによって、新しいアイデアを交換したり、新しいビジネスを一緒に始めたりするきっかけをつくることが目的だ。宿泊ではなく、カフェでお茶をしながら話をするという選択肢もある。

　招待制のクローズドなコミュニティではあるが、申し込むこともできるので世界のビジネスを見てまわりたい人、起業家に会いたい人は、必見のサービスである。

02 | 出会い／体験ツアー

Voyagin
https://www.govoyagin.com

　Voyaginは、現地の人がプロデュースするユニークな現地体験ツアーが探せる日本生まれの旅行サイトだ。アジア圏に特化しており、現在は日本以外だとインド、タイ、ベトナム、インドネシアにサービスを展開している。

　たとえば、海外のホラーを体験できる「インド超常現象協会と行く、怪奇現象スポット1泊2日ツアー」（75USドル）や、かわいい現地の女の子にバイクの後ろからしがみつけるかもしれない「サイゴンの奥の奥までめぐります　バイクでサイゴン探検ツアー」（49USドル）や「バリのグリーン・キッチンでの料理教室」（39USドル）などがある。

　よくある現地のオプショナルツアーなどではなく、一般の人が提供するユニークなツアーに格安で申し込めるので、人と違った体験をしたい人はぜひチェックしたいサービスだ。

Meetrip（ミートリップ）
https://meetrip.to/

　旅行先で現地の人と出会い、地元の人ならではのスポットを紹介してもらいながら旅を楽しめるウェブサービスがMeetrip。東京、ジャカルタ、ソウル、台北などアジア各都市で利用できる。Facebookのアカウントでログインすれば誰でも「隠れ家レストランに連れていきます」とか「地元の人のみが知っている秘境にお連れします」といった個人が提供するツアーに参加できる。

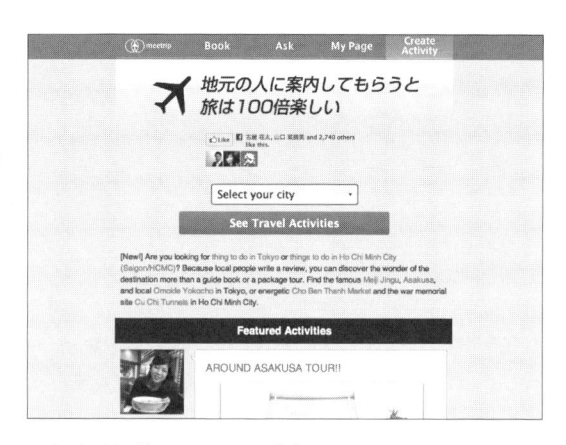

03 | 移動

世界一周航空券 vs 1円から飛行機に乗れるLCC

　お得に航空券を購入するには2つの方法がある。世界一周航空券で買うか、またはその都度ネットなどで航空券を買うかだ。

　世界一周をしたい人のために、世界一周航空券というものがある。出発地の空港から飛び立ち、地球を一周し、再び出発地の空港に戻るまでの複数枚の航空券をセットで購入できるものだ。スターアライアンスやワンワールド、スカイチームが提供している。たとえば、スターアライアンスの世界一周航空券を買うと、1年以内にANAやUS Airwaysなどのスターアライアンス系の航空会社での利用なら、2万9000マイルを移動するまで何回でもチケットを使うことができる。価格は相場によって変わるが、スターアライアンス、2万9000マイル以内の場合、大体32万円前後だ（2013年4月現在）。こちらはマイルもたまるので、世界一周した後だと、膨大なマイルになるといううれしい特典もある。

　しかし、僕があえておすすめしたいのは、世界一周をする場合でも、世界一周航空券よりその都度LCC（ローコストキャリア）のチケットを買うことだ。世界一周航空券だと、最初に決めたスケジュールにしばられてしまうので、旅先での変更が利かずにせっかくの旅をつまらなくしてしまう可能性がある。また、値段もLCCの方が最終的には安い場合が多い。

　通常の飛行機のようなサービスは期待できないが、ほんの数時間移動する手段としてなら、安く早く便利という魅力で十分に補っている。LCCの航空券は、すべてネットで簡単に買うことができる。それらの参考になるウェブサイトなどはp.158に示した。またLCCでは何ヶ月かに一度、航空券キャンペーンを実施しており、たった1円でチケットを買うこともできる。

　アジアでは「AirAsia」を、中国では「春秋航空」を、オーストラリアでは「Jetstar Airways」を、ヨーロッパでは「Easy Jet」を、僕はよく利用していた。

　スケジュールにしばられず、快適さは多少犠牲にしても移動費を安く抑えたい場合は、LCCをその都度購入することをおすすめする。スケジュールが確定していて、その都度航空券を買うのが面倒で、移動の快適さをある程度重視していて、マイルもためたいというのであれば世界一周航空券がいいだろう。また、人によっては世界一周航空券とLCCの組み合わせで航空券を買うこともあるので、自分の旅行計画に合わせて柔軟に選ぼう。

〔世界一周航空券〕

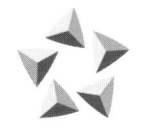

スターアライアンス

マイル制。2万9000マイル以内、3万4000マイル以内、3万9000マイル以内の3段階運賃を採用。最低旅行日数は10日から、有効期限は1年。

ワンワールド
ワンワールド・エクスプローラー

大陸制。3、4、5、6と訪問大陸の数に応じて4段階運賃を採用。最低旅行日数はエコノミークラスにのみ存在し、10日から、有効期限は1年。

ワンワールド
グローバル・エクスプローラー

マイル制。2万9000マイル以内、3万4000マイル以内、3万9000マイル以内の3段階運賃を採用。ただしビジネスクラスとファーストクラスは3万4000マイル以内の1種類のみ発行。最低旅行日数は10日から、有効期限は1年。

スカイチーム

マイル制。2万9000マイル以内、3万4000マイル以内、3万9000マイル以内の3段階運賃を採用。最低旅行日数は10日から、有効期限は1年。

〔車の乗り合いサービス〕

Carpool（カープール）
http://www.carpooling.co.uk/

　移動の仕方は、国によって値段も方法もさまざまだ。バス、タクシー、鉄道、電車など、それぞれ長所短所がある。一般的に一番値段が高いのはタクシーだが、アジア圏や新興国など国によってはタクシーが非常に安く、時間も節約できるのでおすすめだ。

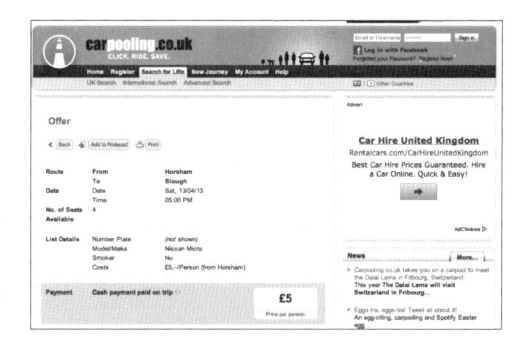

　ヨーロッパなどは移動費も馬鹿にならない。東京と同じく、非常にコストがかかる。そこで、新しいサービスとしてヨーロッパで普及してきたのが、自動車の乗り合いマッチングするCarpoolだ。どんなものかというと、助手席や後部座席が空いている車と、移動したい人をマッチングするサービスで、非常に安価な値段で移動できる。「ここに車で行くんだけど、よかったら後ろに乗っていかない？ 15ドルでいいよ」といったような具合だ。やりとりは基本的に英語で行われ、事前にネットで確認し合う。ネットで予約できるヒッチハイクのようなものだ。

　たとえば、実際に僕の友人は、フランスからルクセンブルクに行くとき、電車なら80ユーロかかるところを、Carpoolを使い20ユーロで済ますことができた。彼は、フランクフルトからベルリンに移動する際もCarpoolを利用し、90ユーロかかるところを30ユーロに抑えることができたという。ヨーロッパ旅行中に移動費を安く抑えたい人、かつ現地の人と交流を持ちたい人はぜひ検討してほしいサービスだ。

　ただ、これにもやはりリスクはある。相手とは初対面なので、女性が乗った車でいきなり襲われるという事例もある。男性でも危険な目にあう可能性もある。事前に調べられるものはしっかりと調べよう。プロフィール、信頼度、レビューは要チェックだ。

　また、このサービスとは別だが、オーストリアやイギリスなど一部のEUの国々では街で乗る自転車を無料でレンタルできる。現地でクレジットカードを使って登録すると、街の中の至る所にある自転車を無料で使用できるので、こちらも利用したい。

● Carpool以外の乗り合いサービス

http://www.mitfahrgelegenheit.de/	http://www.carpoolworld.com/

04 | 旅の仲間集め

trippiece（トリッピース）

　SNSを利用して自分で旅行の企画を立てることや、一緒に行くメンバーをネット上で集めて実際に旅行をすることができるサービスだ。trippieceを利用するためにはFacebookのアカウントでのログインが必要だ。

```
┌─────────────────────────────────────────────────────┐
│   trippieceサイト内で気になる旅行を探して選ぶ        │
└─────────────────────────────────────────────────────┘
                          ▼
┌─────────────────────────────────────────────────────┐
│  例①　9月下旬　オーストラリアへダイビング免許を取りにいこう │
│  例②　みんなでバンジージャンプに挑戦しよう           │
└─────────────────────────────────────────────────────┘
                          ▼
┌─────────────────────────────────────────────────────┐
│      旅の内容を確認して計画などを詰めていく          │
└─────────────────────────────────────────────────────┘
                          ▼
┌─────────────────────────────────────────────────────┐
│  「プランに参加する」を押して、旅行の企画や人数が決まると │
│  旅行代理店を紹介してくれ、自分たちの企画した旅行が実現する │
└─────────────────────────────────────────────────────┘
```

　また、旅のプランを自分で企画することもできる。不特定多数のみんなで行きたい所、やりたいことなどあれば、規定のところから申し込んで旅のプランを作成してみよう。

05 | 発信

ウェブサイト、ブログ

　自身のプロジェクトを発信する上で欠かせないのが、自分のサイト、ブログを持っていることだ。そこで、Wordpressでのサイトの制作方法をここで紹介したい。

　WordpressとGoogleで検索をして、アカウントを作成する。次に、これから使いたいサイトのドメインを取得する。僕のNomadProjectであれば、「nomadp.com」といった具合だ。ドメインは、「お名前.com」「ロリポップ」といったところで取得が可能だ。

　また、サイトのサーバーの取得が必要だ。サーバーは、「ロリポップ」や「さくらインターネット」がWordpressと相性がよく、使いやすい。サーバーにドメインを登録して、Wordpressに埋め込むように設定する。

　サイト制作が初めての場合、いちからつくるのは至難の業なので、テンプレートをうまく活用していこう。無料のテンプレートも検索すればいくつか出てくるが、デザインなども考えて僕は「テーマフォレスト」[1]をよく利用している。規定のWordpress専用のテンプレートを購入して、Wordpressの中に埋め込んで、サイトを運用していこう。

　また自身でサイトを制作しなくても、ブログを活用する手もある。世界中のイケメンを取材しながら世界一周をした世界イケメンハンターの窪さん（p.96）は、「世界一周恋するブログ」[2]としてアメブロで発信していた。またそれ以外にもFC2ブログや、楽天ブログなどさまざまにあるので、こちらもうまく活用していきたい。

　個人的な意見だが、ブログはあまりにたくさんの人がやっているので埋没してしまうように感じる。しっかりとしたプロジェクトとして発信したいのであれば、ブログのみではなく、ウェブサイト制作を強くおすすめしたい。

※1　http://themeforest.net/
※2　http://ameblo.jp/saki-choco-yfm/

Instagram

写真を撮って、簡単にさまざまな人と共有できるサービスだ。さらに15種類以上の写真加工も実に簡単にできるので、質の高い写真を発信することができる。また写真を公開するときに既存のSNSメディア、FacebookやTwitterとも連携することができるので、非常に便利だ。

You TubeやVimeoなど動画コンテンツ

多くの人が簡単に動画を撮って、ネット環境の大幅な進展でスマートフォンからどこにいてもネットに上がっている動画を楽しめる時代になってきた。動画は発信力としても非常に強く、またインパクトがある。自分でアカウントを作成して、動画をつくったらあげていこう。

Ustream

Ustreamは、ライブ中継ができるネットサービスだ。2章で登場した太田さん（p.66）は、旅行中に本を出版し、その記念イベントをUstreamで海外と日本を結びながら行った。ネット環境さえ整っていれば海外からでもイベントを企画してリアルタイムに発信することもできる。

Skype、Google voice、Google hangout

発信とは少し違うが、日本など離れた場所にいる人たちとのミーティングや、仲間とのやりとりの方法についても紹介したい。Skype、Google voice、Google hangoutなどを活用しよう。

これらは、無料で通話やテレビ電話ができるアプリケーションだ。日本ではSkypeが有名だが、Google hangoutもGoogle+に登録していれば、無料で最大10人までと「ビデオチャット」と呼ばれるテレビ電話ができる（Skypeは複数でのテレビ電話は有料）。日本にいる家族や友人との連絡などにも大いに活用しよう。

06 | 資金集め

クラウドファンディング

　クラウドファンディングとは、ある「テーマや志」を持った個人や団体に対して、ネットを通じて多くの支援者から資金を集めるネットサービスだ。いくつか紹介すると、Ready for?やCampfire、元気玉プロジェクトが有名だ。その他、世界にチャレンジする人を応援するCOUNTDOWNなどもある。
　不特定多数の人に発信しつつ資金調達ができるので、共感してもらいやすいテーマを設定できていれば、テーマのある旅とは非常に相性がよい。
　簡単に使い方を説明しよう。まず、クラウドファンディングのサイトに応募し、サイトの審査に通れば自身のプロジェクトをサイト上に掲載できる。そして、希望の金額に届けば、それらの資金で旅をすることができる。資金を援助してくれる人々（パトロン）に対してその対価として、旅行の報告をしたり、さまざまなオプションを提供する。

　クラウドファンディングで旅費を集めた成功事例を1つ紹介したい。Campfireを使って、資金調達に成功した旅プロジェクト。『誰でも体験できる世界一周「LOOK」ースライドショーで世界を一つにつなごうプロジェクト』だ。

プロジェクト：「車で世界一周をしながら、車内から同じアングルで前方の写真を撮り、一周して帰ってきたときには世界を一本の道でつなげることができるスライドショーを制作して、誰でも世界一周を疑似体感できるようにする」

目標金額：40万円
パトロンへのリターン（一部抜粋）：
1000円　　毎月1枚ずつ車内カメラから撮ったベストショットが送られてくる。
5万円　　　海外で1週間程度、車に無料で乗せてもらって一緒に旅ができ、
　　　　　　さらに車にパトロンの名前のステッカーを貼ってくれるなど。
結果：137万2000円を集めた。さらにさまざまなメディアで取り上げられ、
　　　ソフトバンクの孫正義氏が協賛をするなど話題となった。http://camp-fire.jp/projects/view/196

　たくさんの人たちに発信したい、資金を集めたい、というのであれば、こういったクラウドファンディングを利用することをおすすめしたい。

「新しい旅」の
持ち物リスト

**荷物はできるだけ少ない方がいい。
ここでは、僕やその他の旅人たちの経験から
厳選したアイテムを紹介する。
身軽に世界をかけめぐろう。**

モノを最少化する

「捨てることで手に入れる」。禅の教えでこんなものがある。僕がサンフランシスコでお世話になった和尚さんから言われた言葉だ。不確実性が支配するこれからの時代に、周りをモノで囲まれて動きにくい生活はリスクになる。ここでいうモノとは、物質的なものでもあり、また本当はそこまで大切ではないにもかかわらず手放せないでいるプライドや偏見、新しいことへの不安などでもある。本当に必要なものは実は限りなく少なくて、リュックサック1つにおさめることができる。僕たちは移動する生き物だ。そして間違いなくこれから、大規模な移動がライフスタイルの中に入ってくる。その際に、本当に大切なものだけを見極めて、それ以外は大切ではないという「捨てる覚悟」を常にしておく必要がある。

　雑音に囲まれていると本当に大切なものが見えにくくなる。雑音やモノに囲まれる生活から脱却しよう。

郵便はがき

料金受取人払郵便

麹町局承認

4236

差出有効期間
平成27年3月10日
（切手不要）

102-8790

209

東京都千代田区平河町2-16-1
平河町森タワー11F

Discover
ディスカヴァー
行

お買い求めいただいた書籍に関連するディスカヴァーの本

ノマド化する時代
大石哲之　1500円（税抜）

それははたして、自由の楽園か？それとも、殺伐たる砂漠の地か？すべての人がノマドを強いられる時代を生きるためのヒントとは？

超訳　ニーチェの言葉
白取春彦　1700円（税抜）

110万部突破！「人生を最高に旅せよ」「喜ぼう。この人生、もっと喜ぼう」など、世に知られなかった、"明るい"ニーチェがここにある。

未来が変わる働き方
慎泰俊　1200円（税抜）

世界をよりよい場所にしたい、と思っている人へ。投資ファンドで働きつつNPO組織をパートタイムで運営する。二軸で働く著者による、新しい社会の動かし方。

冒険に出よう
安藤美冬　1200円（税抜）

「自分の人生、こんなものだ」と思っている人へ。未熟でも未完成でもまずは行動を起こすこと。「情熱大陸」他各メディアで話題の著者の処女作。

会員募集中！
ディスカヴァー ブッククラブ

好きな本について語り合う読書会や講演会など、楽しいイベントを開催！
会員限定メールマガジンや先行予約、オリジナル・グッズなどの特典も。入会費・年会費は無料です。

詳しくはウェブサイトから！
http://www.d21.co.jp/bookclub/
ツイッター @d21bookclub
Facebook公式ページ
https://www.facebook.com/Discover21jp

イベント情報を知りたい方は
裏面にメールアドレスをお書きください。

1324　自分の仕事をつくる旅

愛読者カード

◆ 本書をお求めいただきありがとうございます。ご返信いただいた方の中から、抽選で毎月5名様に**オリジナル賞品をプレゼント！**
◆ **メールアドレスをご記入いただいた方には、**新刊情報やイベント情報のメールマガジンをお届けいたします。

フリガナ お名前	男女	西暦　　年　　月　　日生　　歳

E-mail　　　　　　　　　　　　　＠
ご住所　（〒　　－　　　）
電話　　　　　（　　　　　）

ご職業	1 会社員（管理職・営業職・技術職・事務職・その他）　 2 公務員　3 教育職 4 医療・福祉（医師・看護師・その他）　5 会社経営者　6 自営業　7 マスコミ 8 クリエイター　9 主婦　10 学生（小・中・高・大・その他） 11 フリーター　12 その他（　　　　　　　　　）

本書についてのご意見・ご感想をおきかせください
ご意見ご感想は小社のWebサイトからも送信いただけます。http://www.d21.co.jp/contact/personal

このハガキで小社の書籍をご注文いただけます。

- **個人の方：**ご注文頂いた書籍は、ブックサービス（株）より1週間前後でお届けいたします。
  代金は「**税込価格＋手数料**」をお届けの際にお支払いください。
  （手数料は、税込価格が合計で1000円未満の場合は300円、以上の場合は200円です）
- **法人の方：**30冊以上で特別割引をご用意しております。お電話でお問い合わせください。

◇ご注文はこちらにお願いします◇

ご注文の書籍名	税込価格	冊数

電話：03-3237-8321　　FAX：03-3237-8323　　URL：http://www.d21.co.jp

「旅に出て、もしも自分よりも
すぐれた者か、または自分に
ひとしい者に出会わなかったら、
むしろきっぱりと独りで行け。
愚かな者を道連れにしてはならぬ」

——仏陀

01 / List
必ず持っていくもの

まずは、どこへ行くにも必ず必要なものを
リストアップした。取得に時間のかかるものも
あるので、まず真っ先に確認しよう。

① パスポート

当然のことだが、これがないと海外に行けないし、海外で紛失してしまったら数日は帰国できなくなる。旅行中は命の次に大切なもの。

パスポートには5年間使用できるものと、10年間使用できるものの2種類あるが、頻繁に海外に行く予定があっても最初は5年でいいだろう。発行まで1週間程度かかる上、申請の受付は平日のみなので、出発の1ヶ月前を目安に申請するつもりでいることが大切。

余談だが、イスラエルの入国スタンプをパスポートに押されないように。イスラエルの入国スタンプがあると入れなくなる国があるのだ（2013年4月現在）。別紙に押してもらおう。

② 現金

途上国や地方、小さな商店では、クレジットカードが使えないことも多い。ある程度現金を持っていると安心だ。

大金はできるだけ持ち歩かず、多くても1週間分くらいにして、ATMで引き出して補充するようにしよう。現金は日本円に加えて、USドルも持っておこう。USドルからしか両替できない国も多いからだ。

③ バックパック／キャリーケース

モノはなるべく少なく、かつ軽量化することをおすすめする。頻繁に移動をすることになればなおさらだ。必要なものは意外に少ない。

できるだけ、飛行機に持ち込めるサイズのモノの量に抑える。機内に持ち込める大きさは、航空会社にもよるが、100席以上の大型旅客機では、3辺の合計が115cm以内（幅55cm×高さ40cm×奥行25cm以内）で、100席未満は3辺の合計が100cm以内（幅45cm×高さ35cm×奥行20cm以内）だ。1つのバッグの合計の重さは10kg以内がひとつの目安だ。

【機内持ち込み可能なおすすめキャリーケース】
・キャリーバーの高さを自由に調節できるストッパー付きハードキャリー33L（無印良品）:¥15,000（税込）　お手頃な価格なので、気軽に使いやすい。
・ALPHA BRAVO（TUMI）：¥87,150（税込）　機能性に優れている。

④ 20リットルくらいのリュックサック

　僕は吉田カバンの3WAY BRIEF CASEを愛用していた。パスポートなど貴重品や水などの日用品を入れて持ち歩けるものがいいだろう。ビジネスバッグとリュックサックが一体になっているので、旅行中にビジネス的な場面がありそうなら、これが便利だ。

TANKER / 3WAY BRIEF CASE（吉田カバン）：¥25,725（税込）

⑤ 海外旅行保険

　節約を第一に考えるなら、海外旅行保険が付帯したクレジットカードでしのぐのもひとつの方法だ。ただ、旅をする中で健康は最も大事な条件のひとつだ（そして、長期の旅行では必ずと言っていいほど体調を崩してしまうものだ）。

　旅先でのアクシデントや病気へのリスクヘッジとして、できるだけ旅行保険に入るようにしよう。おすすめは、病気やけがをして海外の病院に行ったときにその場でお金を払わなくてよい「キャッシュレス診療」「キャッシュレス治療」などのプラン。体調の悪いときに、気軽に病院に行けると思うと安心だ。

　旅行期間が31日以内なら、空港にも保険会社のブースがいくつかあるので、その場で加入することも可能だ。ネットからも申し込みができる。

⑥ クレジットカード

　世界中で通用するという観点から、VISAかMASTERカード、アメリカン・エキスプレスがおすすめだ。盗まれたり紛失したときに備えて、最低2枚は持っていこう。また、飛行機のチケットなどをネットで購入するときはクレジットカード決済なので、限度額などは30万円くらいまでは引き上げておいた方がよい（限度額が高すぎて不安な人は20万円×2枚など）。

⑦ バンクカード

海外ではクレジットカードが使えないところも多く、現金をある程度持っていた方がよい。でも、大金を持ち歩くのは危険。だから、現地のATMで現金を引き出せるバンクカードを持参しておくべきだ。バンクカードなら、現地の通貨で引き出せるので、両替レートを気にする手間も省くことができる。

ただ、ミャンマーなどATMが使えない国もままあるので念のため、日本からは日本円とUSドルをいくらか持っていくと安心だ。

⑧ デビットカード

デビットカードとは、店頭での決済機能とATMから現金を引き出せる機能を持ったカードだ。店頭での決済も、クレジットカードとは違い、登録済みの銀行口座から即時引き落とされるため、使いすぎや引き落としの時差がないので、重宝する（口座に残高がないと使えないが）。

特におすすめなのは、スルガ銀行のd-labo（ディーラボ）カード。d-laboカードは、海外で若者が使いやすいカードをつくるというコンセプトで、僕も一緒に開発にかかわった。加入者は、六本木のミッドタウンにある旅の本を集めたライブラリースペースを利用することができるなどの特典がある。http://tabi-labo.comから申し込める。

⑨ 予防接種
（証明書が必要な場合）

予防接種を受ける主な目的は、海外で感染症にかからないように予防するためだ。渡航予定の国や目的、活動の内容、自分の体調によってどの予防接種を受けるか決める必要がある。厚生労働省のホームページなどで確認しておこう。

また、南米やアフリカの一部の国では、黄熱病の予防接種証明書がないと入国できない。これも渡航前に確認しよう。

⑩ 国際学生証

大学生なら、必ず取っておこう。世界中のミュージアム、美術館などに割安で入れるうれしい特典だ。

⑪ ビザ（査証）

日本のパスポートは信頼性が高いので、ほとんどの国でビザ（査証）は不要だ。

ビザの取得が必要な国もあるが、そのほとんどが入国時にその場で取得できる。日本国内で事前の取得が必要な国や、ビザを取得するのに1週間程度かかるところもあるので、旅行スケジュールを立てる際に確認する。

02 / List

電子機器

電子機器が世界中で使えるのは、本当に便利だ。
旅行中も、さまざまな国の人とつながることができる。
この素晴らしさを享受するためのグッズをまとめたので、
ぜひ目を通してほしい。

① タコ足付き延長コードと変換プラグ

　ホテルなどはコンセントの数が限られているところも多いので、タコ足は便利だ。また国によっては変換プラグが必要だ。1つにまとまっている、かさばらない変換プラグが良いだろう。おすすめとして2つ挙げておく。

・LIFESYSTEMS（ライフシステム）変換プラグ（ユニバーサルアダプター）
・トラベル用変換プラグアダプター トラベル用プラグ（無印良品）：¥2,500（税込）
※写真はgoogleから特別にもらった非売品。

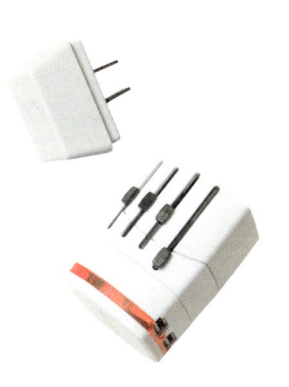

② シムフリーの スマートフォンとシムカード

　海外でネットを活用するために、iPhoneやGalaxy、Xperiaなどの「シムフリー」のスマートフォンを必ず持とう。日本の通信会社の携帯電話を海外で使うとローミングがかかってしまい、あっという間に1ヶ月何十万円という莫大な通信料になってしまう。すべてのネットワークが日本を経由しているため、電話代だけでなくネット通信費も、とんでもなく高くなるからだ。

　シムフリーのスマートフォンは、日本ではなかなか見かけないが、ヨーロッパや東南アジアのほとんどの国で販売されていた。シムフリーのスマートフォンに現地のシムカードを挿入すれば、現地の値段で、電話やネットが使えるのだ。そして通信費はたいてい非常に安く、2週間ネット使い放題かつ、ローカル内での電話300分を話せるプランで、2000円以内で使える国がほとんどだ。僕は財布の中に常に各国のシムカード約20枚を入れていた。

　海外旅行中は情報集めや発信など、ネットにつながっていることが、特に大事になってくる。リアルタイムで情報をやりとりする現代の旅を十二分に楽しむためには、シムフリーのスマートフォンはパスポートと同じくらいの必需品だと僕は思う。

③ノートパソコン

ノートパソコンが1台あると航空券の購入や情報収集の際にとても便利なので、持っていくことをおすすめする。多くの宿が無料でWi-Fiを開放しているため、インターネットカフェなどを利用するのに比べて、通信費を節約することもできる。また、シムフリーのスマートフォンに現地のシムカードを入れれば、テザリング（スマートフォンを中継点としてPCをネットにつなぐこと）ができる。

おすすめは、MacBook Air 13 inch。僕はMacBook Proを持ち歩いたのだが、かなり重かった。Airは薄くて、軽くて、速い。SSD（Solid State Drive フラッシュメモリで記憶する）なので、バスでの移動時などの振動にも強い。

④パソコンケース

バスや車での長時間移動など、旅行中はパソコンにも負担がかかるので、パソコンケースがあるといいだろう。僕はデザイン性と軽さ、iPadも入れられるという利点からドイツメーカーの「Cote&Ciel」のパソコンケースを使っていた。

Fabric Pouch 2012 for MacBook Air（Cote&Ciel）：¥5,460（税込）

⑤iPadやKindleなどのタブレット

ノートパソコンとシムフリーのスマートフォンがあれば、必ずしも必要ではないが、あれば何かと便利だ。

特に、ガイドブックや書籍を電子化して入れておくのにおすすめだ。僕はiPadを持っていき、100冊以上の本をインストールして、移動のときなど常に読んでいた。また、現地で打ち合わせなどがある場合、プレゼン資料をiPadに入れるなどして活用していた。

⑥ポータブルHDD（ハードディスクドライブ）

ネットがつながらない場所でも気軽に音楽を聞いたり、写真・動画を見たりするときに便利。

僕は常に500 GBから1 TBくらいのHDDを2つ持ち歩いていた。1つはデータのバックアップ用、1つは本や写真、音楽、映画、動画の保存用。移動の振動などでパソコンが壊れることも少なからずあるので、バックアップは取っておきたい。本や映画も、この方法なら手軽に持ち歩くことができる。おかげで、砂漠の真ん中で映画を観ることもできたし、大量の電子書籍を読むこともできた。

⑦ 各種充電器

電子機器系の各種充電器。カメラ、スマートフォン、パソコンなど。コードがからまりやすいので、ナイロンの小さなバッグに入れると便利。おすすめは、mont-bellのトラベルキットパック。

トラベルキットパックL（mont-bell）：¥1,700（税込）

⑧ ポータブル充電器

移動などで、丸2日間充電ができない場合もあるので、あると便利。充電器はEnecycleなどさまざまある。

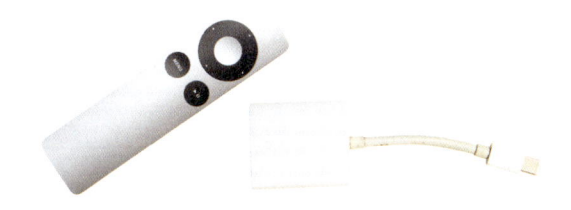

⑨ プレゼン用コネクタ、リモコン

パソコンをスライドにつなぐコネクタやスライドを操作するリモコン。僕はプレゼンする機会が多かったので、これらは必需品だったが、旅のスタイルによっては不要。

⑩ デジタルカメラ

SNSの進化によって、発信が文字から写真、そして動画に変わってきている。動画の方がライブや臨場感を伝えやすいため、現地の風景や人々のインタビュー動画を撮る人も増えている。夫婦で旅をしながら、毎日動画をアップしている「旅する鈴木」※というブログ（p.96）も有名だ。

ブログやSNSにアップする程度であれば、スマートフォンの写真や動画でも十分だが、それ以外に使い道があれば、ぜひ一眼レフのカメラをおすすめしたい。Cannon EOSシリーズの5D、6Dの一眼はクオリティが高い。また、今は一眼でも非常に小さく持ち運びしやすいものもあるので確認してみよう。

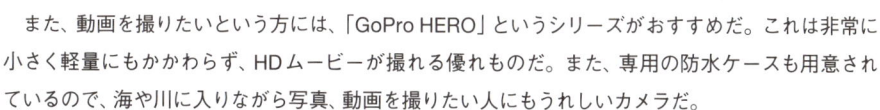

また、動画を撮りたいという方には、「GoPro HERO」というシリーズがおすすめだ。これは非常に小さく軽量にもかかわらず、HDムービーが撮れる優れものだ。また、専用の防水ケースも用意されているので、海や川に入りながら写真、動画を撮りたい人にもうれしいカメラだ。

GoPro HD HERO2（GoPro）：¥31,498（税込） ※ http://ryoseisuzuki.com/

① mont·bell

03 / List

衣類

旅行ルートにもよるが、
3ヶ月以上の旅になるなら、
これくらいは
そろえておきたい。

② Tシャツ 3〜5 枚、ワイシャツ 2 枚程度

薄くて軽くて丈夫なもの。僕は、時間がないときは常に手洗いをしていたので、乾きやすい素材が便利。またワイシャツもあった方がよい。特に人に会う場合や、フォーマルな場にも参加する場合はえり付きがあるとよい。僕は白いワイシャツを常に持ち歩いていた。

① 圧縮袋

服は意外にかさばるので、圧縮袋に入れて小さくしよう。圧縮することによって脱気状態になるので、湿気などから衣類を守ることもできる。

バキュームパック（mont-bell）：¥630（税込）

③ 下着 3〜5 枚

これも同じく、時間がないときは手洗いが多くなるので、乾きやすくかさばらないものがベター。

④ 靴下 5 足

どこでも調達できるので、破れたら買おう。寒い場所では 2 枚重ねも有効だ。

⑤ アウター

保温性が高くかさばらないものがベスト。僕は The North Face の非常に軽いゴアテックス素材の「クライムライト ジャケット」を常時持ち歩いていた。非常に軽く、防水、ウィンドブレーカー機能が備わっていたので、山に行くときなども重宝する。また、UNIQLO の「プレミアムダウン」は安い上に非常にコンパクトにまとまる。どんなに寒い所でも、この UNIQLO パーカの上にクライムライトジャケットを組み合わせることで乗り切ることができた。

・クライムライト ジャケット（The North Face）：¥42,000（税込）
・UNIQLO プレミアムダウン ウルトラライトパーカ：¥5,990（税込）

⑥ ネックウォーマー

マフラーかネックウォーマーが 1 つあると便利。冬のヨーロッパは予想以上に寒いので、ご注意を。僕は The North Face のネックウォーマーを使用していた。

⑦ パンツ

僕はショートパンツとジーンズを1着ずつ持っていった。十分だと思う。愛用しているのは「Nudie Jeans」。名前の通り、着れば着るほど自分の肌にフィットしてくる。

Thin Finn organic dry（Nudie Jeans）：¥18,900（税込）

⑧ 靴

スニーカーを1足、サンダル1足を持ち歩いていた。ビジネスミーティングが多くなるなら、革靴もあるといいだろう。

⑩ 水着

海、川、温泉などに入りたくなったときに、1枚あると便利。異国の地で、美しい景色を眺めながらの温泉はたまらない。海外では温泉でも水着が必要なので、注意しよう。

⑨ 防寒用インナー

オーストラリアのスポーツ医学から生まれたブランドSKINSのコンプレッションインナーRY 400は旅人や移動が多い人向けにつくられており、重宝している。ユニクロのヒートテックインナーもコンパクトで温かく、何より安い。2枚くらいあると便利。

また、セーターも軽いものを1枚入れておくと安心だ。

A 200 メンズロングタイツ（SKINS）：¥12,600（税込）
運動用にも使えるモデル
RY 400 メンズロングタイツ（SKINS）：¥14,700（税込）
普段着に適したモデル

⑪ 速乾タオル

バスタオル1枚、ハンドタオル2枚くらいあれば十分。移動が多いので、乾きやすさが重要。特に軽くてかさばらないmont-bellの速乾タオルはおすすめだ。

マイクロタオル スポーツ（mont-bell）：¥1,800（税込）

04 / List

その他、備品など

①サングラス

　日差しは日本より強い国が多い。僕が使用したサングラスはイタリアブランドのPersolだ。ヨーロッパで買うと安い。
Persol サングラス PO 0649 24 / 31：¥23,183（税込）

② 名刺／メモ帳

旅行中は人とたくさん会う。自分が今どのように旅をしているのかという簡単な自己紹介も兼ねて名刺があると便利だ。現地のイベントに参加したりして、さまざまな人と知り合いたいなら、名刺はひとつのツールとなる。言語はもちろん英語で。

③ ロック

ドミトリーやユースホステルなどに泊まる予定の人は、持ち歩こう。自分の持ちものは自分で守る。チェーンロックもおすすめだ。

④ 財布

カードケースがあり、紙幣とコインが入れられるコンパクトなものがよい。

PORTER / TANKER WALLET（吉田カバン）：¥7,350（税込）

⑤ パスポートや書類を入れるケース

空港などで移動するときに、パスポートや書類用のケースやフォルダがあると便利だ。僕は無印良品のパスポートケースを利用していた。

パスポートケース（無印）：¥1,500（税込）

⑥ 折りたたみ傘

ものすごく小さくなる傘を常にカバンの中に入れていた。南国は突然スコールが降るため、要注意。

⑦ バッグカバー

防水用、盗難防止にあると心強い。

⑧ 革靴

旅の中でビジネスの商談などをするなら、1足あるとよい。高級ホテルやレストランをめぐる人も必要だろう。

⑨ 常備薬

海外の薬はキツすぎたり、体調に合わないものもあるので、風邪薬と胃腸薬は必須。びっくりしたのは、意外に簡単に食中毒になってしまうこと。僕は食中毒用の薬も持ち歩いていた。

⑩ 歯みがきセット／せっけんシャンプー／爪切り

愛用品を持っていってもよいが、基本は現地調達するつもりで少量持ち歩こう。

⑪ 香水

僕は香水が好きで、旅行中いくつも買った。その中でも特に、海外に行くときに常に持ち歩いているのが、イギリスのクリエイティブ誌"MONOCLE（モノクル）"とコムデギャルソンによるコラボの、檜(ひのき)の香水だ。これによって日本を常に感じることができる。地域や宿によっては匂いがキツイこともあるので、お気に入りの香水があると、リラックスできておすすめだ。　MONOCLE Scent One Hinoki（50ml）：¥12,600

以上が、簡単な持ち物リストだ。ここに書いてあるものはすべて持ち歩く必要もないし、人によってはここにないもので必要なものも、もちろんあるだろう。僕は持ち物を限りなく少なくしようと心がけているので、このようなリストになった。服は最低限2日分のみを持ち歩き、行く先々で使い捨ての感覚で使用する人もいる。エコとは言えないが、短期なら、これも手だ。

05 / List

番外編

持ち物とは
言えないかもしれないが、
僕が留学や旅行中に
必要だと感じたものを
まとめてみた。
ぜひ参考にしてほしい。

自国の歴史と文化

　日本の歴史は、英語で簡単に話せるくらいにはしておきたい。僕のおすすめの本は、『武士道』(英語も日本語版も)。

　本はかさばるので、なるべく電子化するのがおすすめだ。僕は自分の持っている本100冊を電子書籍化し、iPadに入れて持ち運んでいた。

　日本は他国と比べると電子書籍の文化はずいぶん遅れている。状況は変わりつつあり、日本でも電子書籍がさらに普及する可能性はあるが、僕の場合は、本を断裁して、電子書籍化していた。

旅に持っていく
おすすめ本リスト

best 10 books

1

『武士道』
新渡戸稲造（岩波文庫）

グローバルに世界を渡り歩くなら、まずは自国の話をできなければ始まらない。武士道には、日本の古き伝統とこれからの日本の歩む道のヒントが詰まっている。英語版と日本語版が両方収録されているものを携帯し、仲良くなった外国人に読んでもらっていた。

2

『深夜特急』
沢木耕太郎
（新潮文庫）

言わずもがな、旅のバイブルと言えば、の一冊。インドのデリーからイギリスのロンドンまで、バスだけを使って旅行する若者の旅の躍動感が肌に伝わってくる名著。文庫版は6冊もあるので、電子書籍で読むことをおすすめする。

3

『ガンジス河でバタフライ』
たかのてるこ（幻冬舎文庫）

「ガンジス河でバタフライしました、私」と、就職面接でなぜか口をすべらせてしまい、インドを旅するはめになった女性一人旅のハチャメチャ紀行。僕も多くの人からすすめてもらった1冊。おもしろく読めるので、旅行中や移動時間に読んでもいいだろう。

4

『NO LIMIT 自分を超える方法』
栗城史多
（サンクチュアリ出版）

日本人初、エベレスト単独・無酸素登頂、そして世界初のインターネットによる登頂生中継への挑戦。極限の世界で孤独や恐怖と戦い、それでも前に進む栗城さんの姿に、勇気をもらえる一冊だ。

5

『アルケミスト——夢を旅した少年』
パウロ コエーリョ
（角川文庫）

羊飼いの少年サンチャゴが、アンダルシアの平原からエジプトのピラミッドに向けて旅に出るストーリー。「大切なものは旅路の中にある」など、とても教訓の多い物語なので、持ち歩いて折にふれて読むことをおすすめする。

6

『未来を変える80人
僕らが出会った社会起業家』
シルヴァン・ダルニル＋マチュー・ルルー＋永田千奈（日経BP社）

フランス人の若者2人が、世界を旅して出会った社会起業家80人の仕事ぶりを1人1人のインタビューとともに描き出している。未来への示唆に富む一冊。

7

『モノを捨てよ世界へ出よう』
高城 剛
（宝島SUGOI文庫）

脱藩して、世界へ出よう。新しい時代の先駆けともなる、グローバル時代の働き方、生き方を考えさせられる書。著者自身が実際にノマドとして活躍しているので、説得力がある。旅に出る前に読むべし。

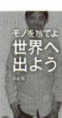

8

『LIFE PACKING』
高城 剛（晋遊舎）

モノを処分し厳選することから僕の21世紀は始まった。移動を続ける高城氏ならではの、未来を生きるためのモノと知恵が凝縮されている一冊。掲載されているものがややハイスペック過ぎるきらいはあるが、旅の持ち物を準備する際には参考にしたい。

9

『ノマドライフ
好きな場所に住んで自由に
働くために、やっておくべきこと』
本田直之（朝日新聞出版）

組織にしばられずに働き、暮らすことでクリエイティビティや思考の柔軟性が上がる。そんな人生を実現させるための金銭・仕事・思考のトレーニング術。

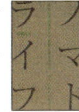

10

『21世紀の歴史——
未来の人類から見た世界』
ジャック・アタリ（作品社）

2050年、そして2100年の世界の行方の未来予想を描いた未来の歴史書。ノマド、中心都市、資本主義、民主主義の行方など、非常に示唆に富み、考えさせられる。僕はこの本を読んで、NomadProjectを始めた。

旅に出たくなる映画やロードムービー

best 10 movies

1. モーターサイクル・ダイアリーズ
（アメリカ、2004年）

伝説の革命家、チェゲバラが若い時に友人と二人で南アメリカ大陸を中古バイクで縦断したロードムービー。この旅を通しての出会いから、彼は世界の矛盾に疑問を感じ、後のキューバ革命を先導するに至る。

2. 180° SOUTH
（アメリカ、2009年）

パタゴニア創業者 イヴォン・シュイナード、ザ・ノースフェイス創業者 ダグ・トンプキンス。2人の運命を180°変えた伝説の旅があった。「人は皆、後戻りできないと言うが、目の前が崖なら——そのまま突き進むか、まわれ右をして前に進むか、どっちがいいと思う？」

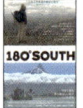

3. イージー・ライダー
（アメリカ、1969年）

「彼らはアメリカ（自由）を見つけに旅に出た。しかし、そんなものはどこにもなかった」60年代ヒッピーの若者二人が、バイクでアメリカを横断するロードムービー。アメリカの自由とその矛盾する気持ちとを描いた大作。テーマ曲のborn to be wildも旅にいきたくなる。

4. イントゥ・ザ・ワイルド
（アメリカ、2009年）

優等生の若者が、敷かれたレールを拒むように、アメリカをまわる放浪の旅に出る。旅の中で出会った人々が彼の価値観を変えていき、アラスカに住むことになる。実話に基づく衝撃の結末は、ぜひ旅の前に観てもらいたい。

5. テルマ＆ルイーズ
（アメリカ、1991年）

平凡な主婦テルマが、友人のウェイトレス、ルイーズとドライブに出かけた。偶発的な事件をきっかけに、二人の女性による逃避行が始まる。アメリカを車で駆け抜けるロードムービー。アカデミー・オリジナル脚本賞を受賞した名作。

6. パーフェクトワールド
（アメリカ、1993年）

「車はタイムマシンだ。止まっているときは現在で、アクセルを踏むと未来に行ける」。クリントイーストウッド監督によるヒューマン・ドラマ。刑務所を脱走した犯罪者と幼い少年の二人で逃避行を続けるロードムービー。

7. サイドウェイ
（アメリカ／ハンガリー、2005年）

人生と恋とワインをめぐるユーモラスなロードムービー。結婚祝いをかねて、男2人でカリフォルニアのワイナリーを巡る旅に出発する。この映画を観て、ワイナリーに行きたくなった。全米で映画賞を席巻した話題作。

8. 80日間 世界一周の旅
（アメリカ、1957年）

ビクトリア王朝時代のイギリス。80日で世界一周できるかどうか賭けをした紳士の世界旅行。花の都パリでは気球を買って飛び立ち、スペインでは闘牛士となり、カルカッタでは姫を助け、横浜・ニューヨークへと旅は続く。僕が世界に憧れる原点となった映画。

9. ザ・ビーチ
（アメリカ、2000年）

タイで伝説の孤島「ザ・ビーチ」の話を聞いた主人公は、地図を手に島へ渡る。そこには、美しすぎるほどに美しく日常の全てから解放される夢の楽園があったのだが…。アレックス・ガーランドの同名ベストセラー小説の映画化。

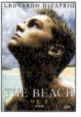

10. 天国の口、終りの楽園。
（メキシコ、2001年）

メキシコで大ヒットを記録した青春ロードムービー。幼なじみの17歳、フリオとテノッチは、夏休みに美しい人妻ルイサを誘い、3人でありもしない"天国の口"という名の海岸をめざして旅に出る。メキシコの美しい景色が堪能できる。

もっと気軽に！
海外ビジネス体験
プログラムに参加する

アメリカのスタンフォード大学でも、僕が留学していたバブソン大学（アメリカ）でも、
海外の先端大学では、すでに講義などの座学よりも実践に重きを置くのが主流だ。
たとえばバブソン大学には、半年かけてBRICsのロシア、インド、中国の
起業家やビジネスをツアーのようにまわる授業もある。
本書で提案する旅も、テーマや結果次第ではMBA（経営学修士）に匹敵する経験として
とらえられる期待がある。とはいえ、いきなり一人旅は不安だとか、
より効率的に海外ビジネスの体験をしたい、という人向けに、この項では
海外ビジネスを現地で実践するプログラムを紹介する。
MBAを取得するために留学するように、旅をしながら現地のビジネスを生で学べる。

〔学生／社会人向け〕

履歴書に書ける／キャリアにつながる海外プログラム
MoG「アジアの社会問題を解決しながらまなべる学校」

Very 50という会社が、Mission on the Ground(MoG)というプログラムを提供している。学生、会社員、フリーランサー、デザイナーなどで構成される参加者が、ひとつのコンサルティングチームとなり、アジア新興諸国で社会事業家たちが抱えている経営課題の解決に挑む実践型の教育プロジェクトだ。実際に現地に行き、"提案"のみの机上のコンサルティングにとどまらず、提案した戦術を"自ら遂行する"ことで、事業の立案から現場での実践までのビジネスの流れを一通り経験できる。　http://very50.com/

MoGプログラムの流れ

❶ 日本で研修を受ける（トータルで約30時間ほど）。論理思考やマーケティングなどのビジネススキルに加え、現地の言語や文化に関する知識など。

❷ プロジェクト協働先の事業家とビデオ会議やメールでコミュニケーションを図りながら、チームミーティングを繰り返す。

❸ 実際に現地でワークをする（10日〜14日間）。現地でホームステイをしながら、考えた戦略で企業家の問題解決をしていく。

❹ 帰国後は、事前トレーニングの講師や賛同企業の関係者などを招いた活動報告会を行い、プロジェクトのブラッシュアップをする。

現地でのコミュニケーションは、すべて英語で行われる。またチームは老若男女で構成されており、外資系金融セールス職で10年超のキャリアを持つ女性と、18歳の女子学生が一緒にチームを組んで問題解決にあたることもあり、多様性にあふれている。

　参加者は、大学生、20〜30代のビジネスパーソン、起業家など、さまざまだ。このプログラムに参加して進路を変える人も非常に多い。たとえば、大手商社の参加者がシンガポールの企業に転職したり、某大手メーカーの参加者がコンサル会社に転職したりという事例がある。アジアで起業する人もいる。また学生だと、コンサルファームへの入社、アジアでの起業、アジアに進出している日本企業に入社することが多い。

　このプログラムの理念は、インディビディアルエンパワメント、つまり世界で戦っていける人財を教育することにあるとしていて、誰でも参加できるように、価格設定もかなり安く、各プログラムによって異なるが、航空券代抜きで8万円〜15万円ほど（学生価格と社会人価格が設けられている）。

プログラムの事例

❶ バングラデシュ
「人々に安全な水を！タンク実践マーケティング‼」

ミッション：世界最大のヒ素汚染と塩害の激しいバングラデシュ沿岸部に住む人々に、安全な水を供給すること。そのために、安全な水を供給できる「天水タンク」を広めるマーケティングの戦略と実行。

❷ インドネシア
「地域循環型クリーン・マーケットづくりに挑む！」

ミッション：貧しい農家が農作物を直接販売できる「Healthy Market」の知名度をあげ、本当に人々が買いやすい、楽しい「市場」をつくるためのプロモーション戦略の立案、実行。

❸ ベトナム
「障がい者、孤児の子どもたちがデザインするプロダクトの実践マーケティング！」

ミッション：ベトナムの全人口の8％を占めると言われる障がいを持った子どもたちと孤児。彼らを支援するクリエイティブカンパニーTOHEと協力し、子どもたちがデザインするプロダクトの売上を上げるための販売戦略の立案と実行。

〔学生向け〕

学生のための、海外インターンシップ紹介サービス
「キャリアトラベル」

「タダコピ」(コピー用紙にカラー広告やさまざまな情報を掲載することでコピー料金を無料にする新しい情報発信媒体)で有名なオーシャナイズの中国支社が学生向けに提供しているプログラムだ。中国、ベトナム、フィリピン、インドネシアなどの現地企業で、日本の現地法人や、現地ベンチャーの会社に短期(1〜3ヶ月)、長期(6ヶ月〜1年)で実際に業務に取り組みながら、インターンができる。

http://career-travel.com/

〔学生向け〕

海外インターンシップ団体の草分け
アイセック・ジャパン

　アイセック・ジャパンは、110の国と地域で活動する学生組織AIESECの日本支部として、海外インターンシップ事業を運営する学生団体。

　国内の学生や法人に対して、海外インターンシッププログラムへの参加を提案している。たとえば、ブラジルの現地法人に半年間インターンをしたり、中国の現地オフィスにて1年間のインターンをしたり、さまざまなインターンプログラムが提供されている。

http://www.aiesec.jp/

〔学生／社会人向け〕

日本の若者が途上国の社会変革に挑む
Cross-Border Incubation Platform（XIP）

　途上国・新興国のさまざまな社会問題をビジネスで解決しようと奮闘する現地の起業家たちと日本の次世代を担う若者がタッグを組み、国内の経験豊富なビジネスプロフェッショナルからバックアップを受けながら、社会変革に挑むプログラム。

　選抜された若者は、1年間現地に滞在し、現地のイノベーターとともにビジネス変革に取り組む（現地水準の給与支給）。「ボーダーを越えた学び」をデザインするハバタク株式会社によって運営されている。　http://www.habataku.co.jp/projects/wakyo/xip/

50万円節約できる!?

11組の「旅プロ」が お得に旅するためにした 20 のコト

2章で紹介した「旅プロデューサー」たちが、
旅行費を節約するために実践していたことをまとめた。
うまく活用すれば、50万円の節約も夢じゃない!?
1つでも取り入れてもらえれば幸いだ。

〔カード編〕

-10万円!

1
海外付帯保険が ついているデビット、 クレジットカードを持つ

d-laboカードやライフカード、楽天カードに入る（2つカードに入ると付帯保険も2つ加入できるのでおすすめ）。

➡ iPhoneを盗まれた際に、iPhone代**5万円**が戻ってくる（スペインはスリが多いので要注意）

2
クレジットカードは、 VISAとMASTERカードを 持っていく

限度額がいっぱいにならないように、出発前1ヶ月はなるべくクレジットカードを使わないようにする。また限度額を上げておく。クレジットカードを使うと海外キャッシュバック機能や、ポイントもたまる。

➡ 例　ライフカードを学生が海外で使うと学生キャッシュバック(5%)（100万円使ったとして）100万円×5%＝**5万円**

〔移動編〕

3
航空券は価格比較のサイトで調べ、
そこから航空会社オリジナルのサイトで購入する

最初は以下のような価格比較サイトを利用して、安い航空券を探す。そして価格比較で一番安い航空券を探し当てたら、その航空会社の公式HPで買う。これは、価格比較サイトが、少なからず手数料をとることがあるという理由と、公式HPで買うとさまざまな特典がつくこともあるからだ。

➡ 総合的に調べやすい：Momondo　http://www.momondo.com/
　 EU系に強い：liligo　http://www.liligo.co.uk/

4
LCCのキャンペーンを活用する

何ヶ月かに1回行われるキャンペーンでは、LCCがさらに安くなる。東南アジアなら、片道1000円で行けるキャンペーンもザラだ。

➡ キャンペーン利用（通常2万1000円→1000円）2回= **4万円**

5
LCCの時代ではあるが、マイルも賢くためて使う

ANAなどのスターアライアンスやJALなどのワンワールドを利用する場合は必ずマイルをためよう。時期によってはマイルが2倍たまるキャンペーンなどもあるので、チェックしよう。また、宿や食事などの支払いを、マイルが貯まるANAなどのクレジットカードで支払うように意識しておけば、飛行機以外でもマイルはためることができる。（参考サイト：http://mileagehikaku.jp/）

➡ ためたマイルで韓国から羽田にANAでフライト= **3万円**

-15万円！

6
Carpoolを利用する

ヨーロッパでCarpoolを使用すると、移動費が鉄道の料金の4分の1以下になる。

➡ 鉄道で使った場合の金額（約6万円）−Carpoolを利用した金額（約2万円）= **4万円**

7
荷物は最小限で、機内に持ち込めるサイズのキャリーケースに

荷物は機内に持ち込みができる大きさが望ましい。LCCの場合は荷物を預けるだけで毎回2000円以上取られるので、なおさらだ。また、荷物が途中でなくなってしまうリスクを避けたり、空港に着いてから荷物を受け取るまでの時間も短縮できる。

➡ 荷物預け料：2000円×20回= **4万円**

〔滞在編〕

-21万円!

8
カウチサーフィンを利用して無料で宿泊する

➡ ヨーロッパの安宿（3000円）×60泊＝**18万円**

9
ユースホステルをうまく使う

ユースホステルの登録カードに登録をすると、割引がきく。

10
ホテルに滞在するときは、当日でもネットで予約する

当日であっても、ネットから予約した方が圧倒的に安く、ポイントで10%オフなど特典がつく。

➡ ホテル（1泊5000円）に60泊×10%オフ＝**3万円**

※ホテル予約おすすめサイト
Booking.com　　http://www.booking.com/
Hostels.com　　http://www.hostels.com/
Hostelbookers　http://www.hostelbookers.com/
ホステルワールド　http://www.hostelworld.com/

〔情報編〕

11
現地の情報を事前に調べておく

他の旅人のブログなどで、現地の情報を確認しておくと、物価や現地で何が買えるかなどがわかって、無駄が少なくなる。できるだけ最新の情報を入手する。途上国などは特にスピードが速いので、1年前の情報はすでに古くなってしまっている。

12
現地で情報を調べる際は、まずは日本人宿の情報ノートをチェック

日本人だけのサービス・特典などもあったりする。たとえば、ある会社のツアーは、日本人なら特別に割引があるなど。

-4万円!

13
海外への電話はGooglevoiceかSkype callを利用

➡ ヨーロッパから日本への国際電話（10分1000円）×20回：**2万円**

14
学生なら国際学生証をつくっていく

美術館やミュージアム、国立公園の入場料などが非常に安くなる。

➡ 国際学生証による割引（500円）×40回＝**2万円**

15
スマートフォンを活用して、公共交通手段を駆使する

スマートフォンでgoogle mapなどを使って、日本にいるときと同じように、バスなどを活用しよう。タクシーを使うことに比べるとかなり節約できる。

16
フリーwifiを活用する

ホテルなどはwifiの使用料がかかるところも多いので、インターネットを使った作業は、無料でwifiが使えるカフェなどで行おう。

17
現地のインフォメーションセンターを賢く利用する

現地の詳しい地図を手に入れたり、現地のツアーの相場を聞いてみよう。現地ツアーに参加する場合は、最低でも3店ほどまわって価格の安い所を調べる。

18
スマートフォンはシムフリーのものを最低1つ持っていく

現地でシムカードを買い、現地の価格で通話とネットを利用する。日本の携帯を日本の通信会社のまま使用すると、とてつもない金額になるので、これは必須だ。

19
音楽を無料で聞く

音楽はその国の思い出を鮮やかに色付ける、旅に欠かせないものだ。

※おすすめアプリやサイト
現地のラジオを聞くアプリ：TuneIn Radio http://tunein.com/
サイト：grooveshark http://grooveshark.com/
pandora http://www.pandora.com

20
クラウドファンディングや奨学金を活用する

Ready for？やCamp fire、元気玉プロジェクトといったようなクラウドファウンディングを利用したり、step 22のような奨学金制度を利用したりさまざまな手がある。

[その他、ちょっとおせっかいだけど注意したいこと]

● 予防接種は必ず受けよう。病気になったら、お金もかかる。
〔予防接種に関して〕http://www.forth.go.jp/useful/vaccination.html

● 病気は日本で治していく。特に海外では虫歯は保険の対象外のため、高額の治療費がかかってしまう。

● 飛行機が深夜に到着した場合は、無理に移動しない。深夜は危険な都市も多いので、朝まで空港にいる方がよい。

● 現地の日本人でも疑う。海外で日本人に会うと、つい全面的に信用してしまいがちだ。残念ながら、日本人がすべていい人だとは限らない。しっかりと自分の目で判断しよう。

● 詐欺に気をつける。ケチャップのようなものをかけて「拭いてあげる」と言いながらものを盗んだり、警察官を装って荷物を調べながらものを盗んだりということもある。荷物は常に肌身離さず、自分で守ろう。

おわりに
僕が旅で学んだこと

いまの時代を生き抜く5つの考え方

世界の起業家インタビューの旅「NOMAD PROJECT」を通して、
500人以上の方々とお会いした。
起業家、経営者、社会起業家、デザイナー、アーティスト、シェフ、
ミュージシャンなど、世界の一流の舞台で活躍している人ばかりだ。
個人の力で世界を渡り歩き、時代をつくっていた。

みな強烈な個性を持った人々だったが、
彼らに共通していると僕が感じたことが5つあった。
それが、いまの時代を生き抜く考え方だと感じたので、ここで紹介しておきたい。

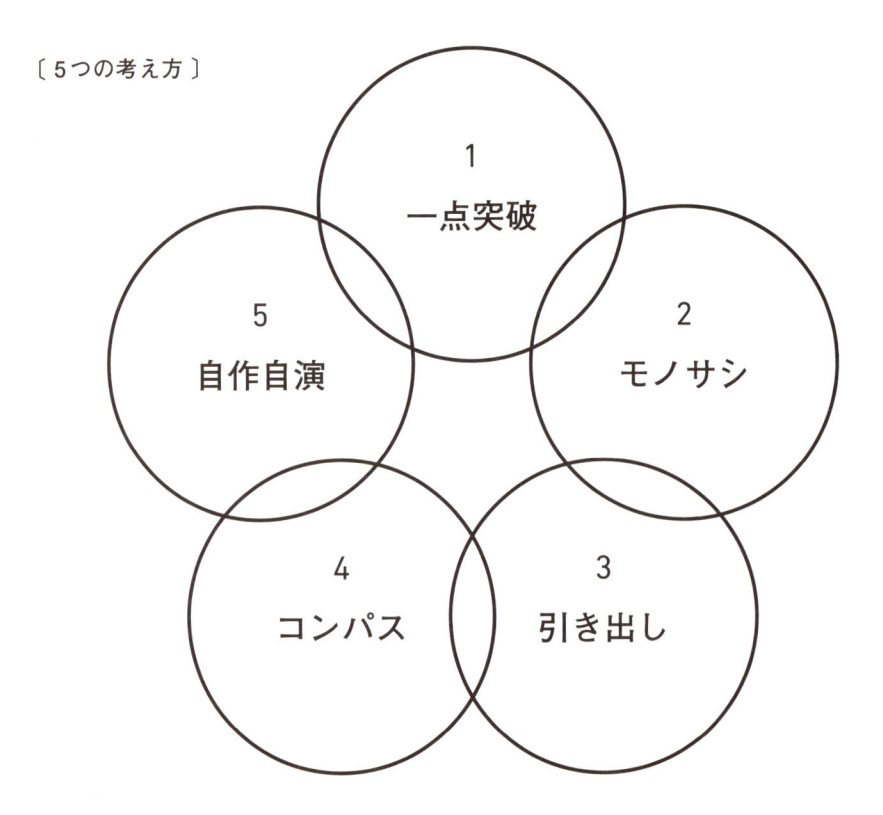

〔5つの考え方〕

1. 一点突破
2. モノサシ
3. 引き出し
4. コンパス
5. 自作自演

「スマイルカーブ」な
人材になる

「一点突破」のスキルを持つ

「スマイルカーブ」という言葉を知っているだろうか。

アパレルやIT製品などの製造業の事業プロセスで使われている。開発製造などの上流と、メンテナンス、アフターサービスをしている下流は利益率が高い。逆に、真ん中に存在する組立メーカーや販売、物流などはほとんど儲からないという、収益構造を表す言葉だ。両端が上がって、真ん中が下がっている形状が、笑った口の形に似ていることから、この名前がついた。

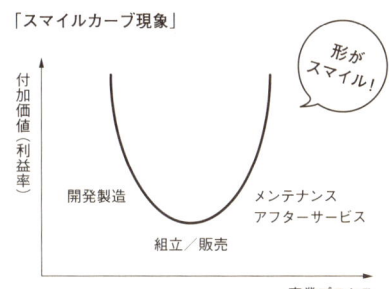

似たようなことが事業規模でも言える。最も利益を上げているのは世界No.1の大企業か、少数精鋭ベンチャーか、専門性のある際立った個人。いまの時代、個人でもベンチャーでも、やり方次第で莫大な利益を出すことができる。GoogleやFacebookなどがいい例だ。

こういう時代に一番難しいのは、何でもそこそこできるが、何にも飛び抜けていない、いわゆる学校での優等生たちだ。スマイルカーブでいうと、組立メーカー。オールマイティに全教科平均70点。

考え方1　一点突破

「これしかできないけど、これについてはNo.1」という高い専門性を持っていること。平均すると20点でも数学が100点の人材が重宝され、サバイバルしやすい。専門性と言っても、別に資格やMBAを取ったりする必要はない。むしろ、日本の地方で受け継がれている伝統工芸や匠の技の方が世界で通用するだろう。漫画やアニメの分野でも、それを極めた専門性や創造性があれば、一点突破のスキルとして戦うことができる。

「何でもできます」とか「いろいろな経験があります」というのは、スキルが曖昧で、代替が極めて容易である。自分の中の特異なスキルを磨いて、スマイルカーブの口角の人材になろう。

世界視点のコミュニケーション

「モノサシ」と「引き出し」

　僕たちが世界を舞台に生活をする、仕事をするということは、国籍も言語も、文化も価値観も違う人々と日常的に関わっていくということだ。僕たちが外国に行ったときはもちろん、日本国内でも職場や日常生活で外国人と接する機会もどんどん増えてきている。同僚や上司、部下が中国人だったり、インド人だったりということは、ますます当たり前の光景となる。

　彼らとコミュニケーションしていくための武器を、僕は「モノサシ」と「引き出し」と名付けた。

考え方2　価値観の「モノサシ」

これは、さまざまな価値観に対してどれだけ理解ができるかということ。さまざま国の人と関わっていく中で、相手の価値観や習慣に対して、寛容でいることは必須だ。旅行や留学で、まったく違う価値観の人や文化と触れ合うと、日本の常識が世界の常識ではないことを肌で感じることができる。いままでの自分の価値観のモノサシが10までしかなかったとすると、まったく新しい価値観を知ったことによって、15にまで目盛りが伸びる感覚を持とう。本当の国際人というのは、このモノサシがとても長い人だと思う。

考え方3　引き出し

「あの人は話の引き出しが多い」などとよく言うが、要はたくさんのネタを持っているということ。世界で通じるネタと言えば、たとえば、他の言語ができる、ITが得意、ファイナンスに通じている、歴史や宗教の知識が豊富であるなどだ。もちろん、学術的なことだけではなく、人を笑わせることができるとか、料理が上手でグルメに通じているとかでもいい。人に話せる得意分野を持とう。

　どこに行っても、どの時代にいても、ビジネスでも日常生活でも、コミュニケーションは大きな鍵を握っている。グローバル時代を生き抜く人とは、この2つの武器を持って、世界中の人々と価値をつくっていくことができる人だ。

　補足になるが、コミュニケーションの手段として英語ができることは当然のことになりつつある。武器を持つための体力として、身につけておこう。

今の時代に潮流なんてない

「コンパス」を持ち、「自作自演」する

　僕が取材したノマドと呼ばれる起業家たちは、個人として世界中を動き回り、それぞれがダイナミックにつながっていた。世界を上から見ると、人々が小さい分子のように地球上を動き回っているイメージだ。

　そんな時代に全体のトレンドや潮流は、ないに等しい。だから、潮流やトレンドを探したり予想したりするのではなく、まず自分が動いて、他の個人や組織と連携し、潮流をつくっていくという意識が必要だと思う。

　カオスの支配する時代だ。紛争やテロなど、国家間の話し合いや取り決めが効力を持たない事件が頻発している。いずれ、国が国民を支えきれない時代がやってくる。先を予測することがますます難しく、こうすれば必ず安心だというモデルはもはや存在しなくなりつつある。

　だから、持ち物を最少にして常に身軽に、自分の信じる未来に向けて動いていく。そこに向けて全力でドライブしていく。流行やまわりばかりを気にして、自分の頭で考えずに右に倣えをしていると、選択したという意識もないまま、現在の場所に取り残されてしまうかもしれない。

考え方4　コンパス

地図を見てそこに載っている場所へ行こうとするのではなく、自分の中に指針となる志（コンパス）を持って、未開の地を切り拓いていくという心構え。すべてが不確実な時代だからこそ、自分で指針をつくり自分で実行し改善していくことが最も確実な戦略となるのだ。

　自分の信じるコンパスに従って決断すること。決断したことに対しては、根拠のない自信を持つこと。

　新しい時代をつくったりイノベーションを起こすということは、根拠のない自信を持って、実現していくことだ。ロジカルにはなりえない領域だ。iMacやiPod、iPhone、iPadで世界を変えた故スティーブ・ジョブズも、「個人向けのコンピュータをつくる」という荒唐無稽（と当時は思われた）なアイデアを、誰に何を言われようと自分を信じ、実行し、そして見事に実現してしまった。彼が根拠のない自信を持っていなければ、僕たちはこうしてIT機器を担いだ旅はしていなかったかもしれないし、少なくとも何年

ビートルズが山ごもりしたことで有名なインドのリシケシ。瞑想しているヨガの講師。

かは遅れていただろう。このような自分の信じることを貫く考え方が「自作自演」だ。

考え方5 　自作自演

自分の舞台（未来）を自分でつくり、自分で演じる。誰かが舞台を用意してくれるのを待たない。誰かが評価してくれるのを待たない。
まずは、小さくても、自分で企画を起こしてみる。どんなことでもいいから自分でプロジェクトをまわしてみる。そして、結果を出す。本書で紹介した旅のプロジェクトでもいいし、学生ならサークルでもいい。仕事や会社でそれができれば最高だ。まだ若くて会社に任せてもらえないなら、週末に仲間と企画を立ち上げるのもよい。始めることは自分一人からだってできる。
若いうちに、企画を起こして自分の舞台をつくろう。そして、思いっきりそこで自分の役を演じてみるのだ。

　プロジェクトを成功させようと思うと、1人ではできないことが多い。協力してもらったり、アドバイスをもらったりと、必ず他人を巻き込む必要がある。他人と何かをつくり上げることは、なかなか思うようにいかないだろうし、高い壁にぶつかることもあるだろう。でも、それを乗り越えたとき、大きな経験になることは間違いない。
　グローバル時代になるということは、巻き込む他人が、当然のように日本人ではなくなるということだ。文化や価値観の違いを受け入れて、異国の人と価値創造ができる人が、グローバル人材だと僕は思う。
　日本国内でも、既存の世界観や価値観が大きく変わりつつある時代だ。たくさん勉強して大企業に就職すれば安泰だと思っていたのに、どうやら違うらしい。「グローバル人材」って、英語を勉強すればいいと思っていたのに、どうやらそれだけじゃだめらしい。
　いま当たり前だと思っている既存の大きなシステムを疑い、離脱してみよう。代わりに小さなプロジェクトを自分でつくってみる。他のプロジェクトと連携させる。小さな渦が渦を巻き込んで大きな渦になっていく。
　みんなが自分のコンパスを持って未来を自分でつくる。自作自演する。そしてその個がつながっていき、新たなムーブメント、潮流を起こすのだ。
　ますます力が個人に戻っている。個の可能性を世界でぶちまけよう。

You can't always get
what you want
But if you try sometimes
well you might find
You get what you need

欲しいものは常に手に入るわけではないが、
そこに向かっていく中で
大切なものは手に入るんだ

By You Can't Always Get What You Want (The Rolling Stones)

僕が旅で気づいた大切なこと

欲しいものの前に大切なものが来る

　アフリカ大陸最高峰のキリマンジャロの頂上から初日の出を見る。それだけのために、僕はタンザニアに向かった。「欲しいもの」は、1月1日にキリマンジャロから見る初日の出だった。

　キリマンジャロは、素人が1人で登ることが許可されていないので、現地でチームを結成して挑んだ。ガイド、料理人、ポーターと僕。5泊6日の過酷な登山だった。雨が降り続き、気温は氷点下。高山病の恐怖もあった。

　12月31日22時、初日の出に向けて、最後の登頂に挑む。出発を前にした真夜中、仲間たちと火を囲む。つらい登山を支えてきてくれた彼らは、僕の目をまっすぐに見ながら口をそろえて言った。「命に代えてサポートするので安心して登れ」と。

　見たことのないほど満天の星の下、彼らの瞳を1人ずつ見返したとき、僕はこの瞬間のためにキリマンジャロに登ったんだと思った。

　その後約10時間かけて無事登頂したが、初日の出はこの瞬間に比べたらおまけでしかなかった。彼らに対する仲間意識こそが、僕にとっては頂上の景色よりも「大切なもの」になった。

　ローリング・ストーンズの左記の歌詞のように、いつだって大切なものは欲しいものに向かっていく道中に転がっている。だから、僕は「欲しいもの（＝テーマやゴール）」を持って前に進むべきだと思う。明確でなくてもいい。とりあえずの仮テーマでもかまわない。とにかく何かに向かって進めば、きっと道中で大切なものに出会えるはずだから。

キリマンジャロ山頂からの初日の出。入山料やチップも含めて、費用は5泊6日で約1000ドルだった。

いまこそ、日本のライフスタイルを世界に

　旅行や留学、赴任など、海外で一定期間過ごした人が口をそろえて言うことがある。「日本は素晴らしい国だ」ということだ。外に出たからこそ、日本を再発見する。僕ももちろん、そうだった。国内にいると、毎日のように流れるニュースで、不景気だとか、総理大臣はコロコロ変わるとか…などと、不満ばかり持ってしまいがちになる。

　しかし、1歩海外に出れば、日本の当たり前が当たり前でないことに気づく。イギリスの作家T.S.エリオットが言っているように、探求することによって自分たちの価値を初めて知ることになるのだ。蛇口をひねれば安全な飲料水が常に手に入る利便性、夜道を1人で歩くことができる治安のよさ、和を基本としながらも異文化のエッセンスを積極的に取り入れる豊かな食文化、さまざまな伝統文化とそれを支える匠の技。また、これほどの高いホスピタリティと相手への思いやりを持った国民性は、世界に類を見ない。

　日本が真に強いのは技術でも、プロダクトでもサブカルチャーでもなく、僕たちのライフスタイル、つまり生活に息づく哲学そのものにあると信じている。

　日本の素晴らしさを世界に届けるには、僕らが外から見て日本を再発見し、コンテンツのよさを活かしつつ世界に受け入れられる形に再デザインしていくことがひとつだ。

　そして外から日本を見ることのできる、プロモーターとなる日本人がもっと世界に出ていくこと。日本は「コンテンツはあるのに発信力が弱い」と批判されるのは、世界に出る人が少ないからだと思う。文化やライフスタイルは、人に付随していく。

　戦前ブラジルに移住した日本人がそこで独自の文化をつくり、ビジネスをつくっていったように、人が外に出れば、そこに文化が起こり、ビジネスが起こる。あなたも外国人の留学生や旅行者と触れ合って、その国の文化に興味を持ったことがあるのではないだろうか。外国人と一緒にごはんを食べたり、生活をしたり、言葉を教え合ったりする。それこそが、日本という文化やライフスタイルを発信することにつながると思う。

　さあ、世界へ出て、日本という国を外から見てみよう。ライフスタイルを伝えよう。いまこそ日本を世界に発信するときだ。

We must not cease from exploration. And the end of all our exploring will be to arrive where we began and to know the place for the first time.

我々は探求をやめてはならない。そして我々のすべての探求の最後は初めにいた場所に戻ることであり、その場所を初めて知ることである。

By T.S.Eliot

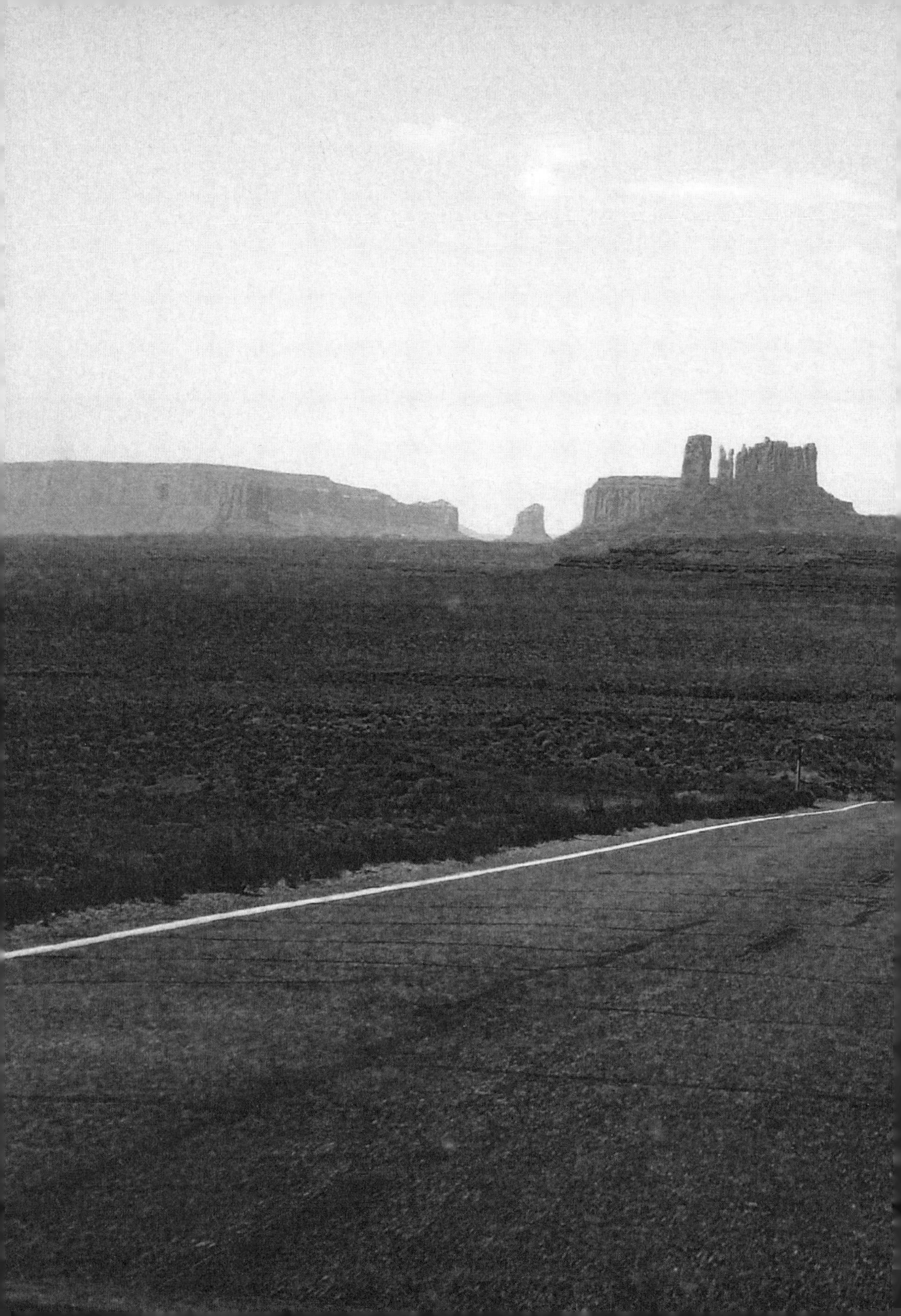

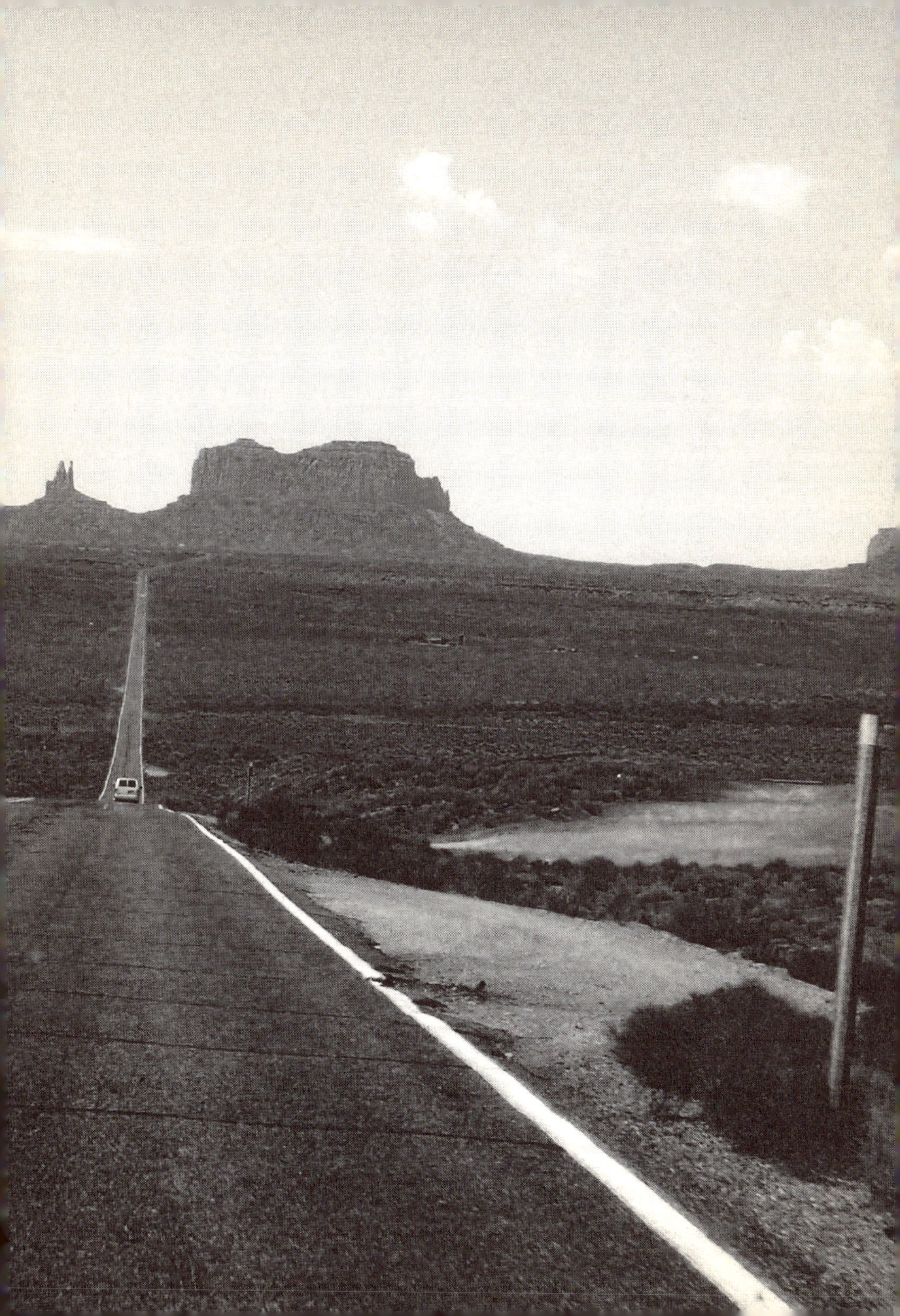

「…世界がリュックサックの放浪者で、ダルマ・バムスで、あふれていると考えてほしい。生産されたものを消費するというよくある要求にこたえることを拒絶し、それがために、冷蔵庫やテレビ機器や自動車、少なくともこぎれいな新車や、ある種のヘアオイルやデオドラント、たいてい一週間後にはゴミの仲間入りをしているよくあるくだらないもの、労働・生産・消費・労働・生産・消費と続くシステムにとりこまれている一切すべてのものを拒絶するという特権のために働かなくてはならないものたちであふれている世界を…」

「…僕は、偉大なリュックサック革命というヴィジョンを見る。何千、いや、何万という数の若きアメリカ人たちが、リュックサックと共に放浪している姿をだ。山の頂に登っては祈りをあげ、子どもたちを笑わせ、年寄りたちを喜ばせ、若き女の子たちを幸せにし、若くないおばさんたちをより幸せにさせていく。みなことごとくがゼン（禅）にのめりこんでいるものたちで、理由もなくいきなりたちあらわれる詩をせっせと書きとめ、そしてまた親切から、それも予想もしない奇妙な行為で、万民とすべての生きとし生けるものたちのために永遠の自由というヴィジョンを与え続けるのさ…」

——ジャック・ケルアックの小説『達磨の放浪者［ダルマ・バムス］』の中で
ジャフィー・ライダーが口にする言葉（北山耕平訳）

「リュックサック革命」という言葉を知っているだろうか？

　50年代のアメリカで、作家のジャック・ケルアックが唱えたヴィジョンだ。第二次世界大戦後、当時アメリカは資本主義の黄金期を迎えていた。労働と生産と消費の終わることのない循環の中で、アメリカの若者たちは大きな閉塞感を抱えていた。
　ケルアックは、アメリカの若者が何万人もリュックサックを背負って世界に飛び出していき、世界のあらゆる秘境を見てまわり、異国の世界を肌で体感することを願った。そして、彼らが世界を変革していくというヴィジョンを夢みていた。
　それは現実のムーブメントとなり、多くの若者がバックパッカーとして世界をめぐった。60年代になると彼らの一部は、ヒッピーと呼ばれ、各地でコミュニティを立ち上げた。それらのひとつである西海岸のコミュニティから、いまのインターネットとその背景にあるコンピュータ・カルチャーが生まれたとも言われている。現代の世界を席巻しているインターネットを生んだのも、源流をたどると、リュックサック革命なんじゃないか。少し乱暴かもしれないが、僕はそう信じている。

　一方、今の日本は、経済的な勢いのある東南アジア、韓国、中国に囲まれ、国内では就職や雇用の不安、将来への不透明感など、不安を感じている若い人は多い。これは上記の50年代のアメリカの若者の閉塞感に似ていると、僕は思う。不透明な将来を不安に感じつつ、一定の枠から抜け出せない。

　アメリカがリュックサック革命を成し遂げたように、日本の若者たちが1万人、それぞれのテーマや物語を持って旅に出る。留学にいく。世界で働く。
　こうやって洋行をした、世界視点を持った多様性のある若者たちが日本に戻ってきて、日本を変革していく。リュックサックを担いだ1万人の若者たちが世界中をまわっているヴィジョンを、僕は実現させたい。
　そのリュックサックの中身が、かつてのリュックサック革命から生まれたかもしれないITツール一式だとしたら、これもまたおもしろい。僕はいま、この日本版「リュックサック革命」を実現するプロジェクトを立ち上げて、活動している。

　パラダイムシフトは常に小さなきっかけから生まれてきた。大きな波でも、人知れずに打ち立つ「さざ波」から始まるものである。あなたが本書を読んで、1人世界に出て行くことも「さざ波」だが、やがて大きな潮流となり、世界を変えていくかもしれない。
　そして、そういった変革を起こせる小さな「さざ波」に、この本がなれれば、本望である。

成瀬 勇輝

自分の仕事をつくる旅

グローバル時代を生き抜く
「テーマのある旅」のススメ

発行日	2013年5月15日　第1刷
Author	成瀬勇輝
Photographer	本間日呂志 (p.135-150) ／ 谷口京 (カバー、p.11, p.26-27)
Book Designer	漆原悠一、中道陽平 (tento)
Publication	株式会社ディスカヴァー・トゥエンティワン 〒102-0093　東京都千代田区平河町2-16-1 平河町森タワー11F TEL：03-3237-8321（代表）／FAX：03-3237-8323 http://www.d21.co.jp
Publisher	干場弓子
Editor	大竹朝子

Marketing Group

〔Staff〕小田孝文　中澤泰宏　片平美恵子　井筒浩　千葉潤子　飯田智樹　佐藤昌幸　谷口奈緒美　山中麻吏
西川なつか　古矢薫　伊藤利文　米山健一　原大士　郭迪　蛯原昇　中山大祐　林拓馬　本田千春
野村知哉　安永智洋　鍋田匠伴　榊原僚　佐竹祐哉　塔下太朗　廣内悠理　松石悠

〔Assistant Staff〕俵敬子　町田加奈子　丸山香織　小林里美　井澤徳子　橋詰悠子　藤井多穂子　藤井かおり
福岡理恵　葛目美枝子　田口麻弓　小泉和日　皆川愛

Operation Group

〔Staff〕吉澤道子　松尾幸政　福永友紀

〔Assistant Staff〕竹内恵子　古後利佳　熊谷芳美　清水有基栄　小松里絵　川井栄子　伊藤由美
福田啓太　川村真未　石渡素子

Productive Group

〔Staff〕藤田浩芳　千葉正幸　原典宏　林秀樹　石塚理恵子　三谷祐一　石橋和佳　大山聡子　德瑠里香　堀部直人
井上慎平　渡邉淳　田中亜紀　堂山優子　山崎あゆみ　伍佳妮　リーナ・バールカート

Digital Communication Group

〔Staff〕小関勝則　中村郁子　松原史与志

Proofreader	入江恭子
Printing	凸版印刷株式会社

・定価はカバーに表示してあります。本書の無断転載・複写は、著作権法上での例外を除き禁じられています。
　インターネット、モバイル等の電子メディアにおける無断転載ならびに第三者によるスキャンやデジタル化もこれに準じます。
・乱丁・落丁本はお取り替えいたしますので、小社「不良品交換係」まで着払いにてお送りください。

ISBN978-4-7993-1324-4
©Yuki Naruse, 2013, Printed in Japan.